www.ingramcontent.com/pod-product-compliance
Lightning Source LLC
LaVergne TN
LVHW020450070526
838199LV00063B/4905
9789358729856

دوسری دستک

(شعری مجموعہ)

حسن فرخ

© Hasan Farrukh
Doosri Dastak (Poetry Collection)
by: Hasan Farrukh
Edition: April '2024
Publisher :
Taemeer Publications LLC (Michigan, USA / Hyderabad, India)

ISBN 978-93-5872-985-6

مصنف یا ناشر کی پیشگی اجازت کے بغیر اس کتاب کا کوئی بھی حصہ کسی بھی شکل میں بشمول ویب سائٹ پر اَپ لوڈنگ کے لیے استعمال نہ کیا جائے۔ نیز اس کتاب پر کسی بھی قسم کے تنازع کو نمٹانے کا اختیار صرف حیدرآباد (تلنگانہ) کی عدلیہ کو ہو گا۔

© حسن فرخ

کتاب	:	دوسری دستک (شعری مجموعہ)
مصنف	:	حسن فرخ
پروف ریڈنگ / تدوین	:	اعجاز عبید
صنف	:	شاعری
ناشر	:	تعمیر پبلی کیشنز (حیدرآباد، انڈیا)
سالِ اشاعت	:	۲۰۲۴ء
صفحات	:	۱۱۲
سرورق ڈیزائن	:	تعمیر ویب ڈیزائن

دوسری دستک (شعری مجموعہ) 5 حسن فرخ

فہرست

حسن فرخ کی شاعری (شمس الرحمن فاروقی) 8
حسن فرخ میرا دوست (علی ظہیر) 12
اے کمال سخن کے دیوانو (حسن فرخ) 21
نثری نظمیں
وہ روح عظیم 27
اللہ، ابلیس اور آدم 30
یا مصطفیٰ صلِّ علیٰ 35
فنا ہی بقاء ہے 36
دوسری دستک 39
میں نے دیکھا۔۔۔ 41
گھر سے نکلو تو۔۔۔ 43
دل اور ذہن کا رشتہ 45
پیارے کچھ تو کہو۔۔۔ 47
پیش یار می رقصم 49
غزلیں
کوئی معبود نہیں، ایک خدا ہے تو سہی 51
جینے پہ تری چاہ کا الزام بہت ہے! 53

54	رکھیو اب چاپ کی رفتار بہت آہستہ
55	میری نگاہِ شوق بھی کیا کام کر گئی
56	نشہ نشہ سا شبِ غم رہا ہے آنکھوں میں
57	ہلکا ہلکا سا نشہ جسم میں بھرتی خوشبو
58	سانسوں میں رسمسانے لگا سرمئی گلاب
59	بھری برسات میں کیوں بوند بھر دیدار کو ترسے
60	ڈوبتی شام کا منظر ، کبھی ایسا تو نہ تھا
61	ہوتی ہے سانسوں کی مہک سے جب بھی معطر تنہائی
62	مہک وہ دل کے جزیرے میں کھو گئی ہے میاں
63	شعورِ ذات کی تر دامنی بھی کم کم ہے
64	سانس کی لَے تھمی تھمی ہے میاں
65	ہیں چُرائے ہوئے دن رات کہیں بھاگ چلو
66	اسی کو کہیئے، جہانِ خراب کی خوشبو
67	جذبۂ عشق کہ ڈھونڈا جسے درباروں میں!
68	کہیں بھی جاؤ کسی رہ گزر میں خاک نہیں
69	جو گھر تمہاری مصلحتوں نے بنائے ہیں
70	نارسائی کی کچی کلی کی طرح
71	سکوتِ شام کے آنگن میں بارشِ غم ہے!
72	وہی یوسف، وہی بازار نئے موسم میں
73	ظلم و ستم کا کوئی نشانہ خطا نہ ہو
74	سہے ہیں پھول کی مانند زخم بھالوں کے

چمن کے سبزے سے یا بستیوں سے باہر کھینچ 75
سلونی خواہشیں جب سو گئیں خوابوں کے بستر پر 76

نظمیں

ادراک 78
یگانگت 80
اک راز کی بات 83
تم بہت خوبصورت ہو 85
مَیں تمہیں چاہتا ہوں 87
بسر و چشم 89
تم اور مَیں 91
اک نئی صبح 93
یہ سفر ضروری ہے 95
یہ احساس کافی ہے 96
فراموشیوں کی مسلسل کہانی 97
رات 98
آہٹ سی اِک سُننے لگا تھا 99
یوں بھی ہوتا ہے 102
وہ بات جو کہ راز ہے 105
بوریت: بوریت ہی بوریت 107
یاد رکھو 110

حسن فرخ کی شاعری

شمس الرحمن فاروقی

حسن فرخ کا نام میرے ذہن میں اس وقت سے ہے جب ہم سب کے محبوب اور محترم دوست سلیمان اریب کی ادارت میں ماہنامہ "صبا" حیدرآباد سے شائع ہوتا تھا "صبا" کی اشاعت میں پابندی اوقات نہ تھی، لیکن رسالہ جب بھی نکلتا بڑا مہذب، تازہ کار اور متنوع سورہ نکلتا تھا "صبا" کے روپ میں ایک میدان تگ و تاز فراہم کر دیا تھا۔ اریب کے ہاں "ترقی پسند"۔ "ادب برائے ادب"۔ "ادب یعنی سماجی شعور کا اظہار" وغیرہ قسم کے خانے نہ تھے وہ ترقی پسند تھے، یا یوں کہیں کہ ترقی پسند تصورات سے انہیں لگاؤ تھا، لیکن اس لگاؤ کے معنی یہ نہ تھے کہ اور کسی ادب کو پھلنے پھولنے کا حق نہ دیا جائے۔ چنانچہ کئی نئے شعرا سے میرا تعارف "صبا" کے توسط سے ہوا اور جن شعرا کے نام اور کام نے بطور خاص میرے دل کو کھینچا ان میں حسن فرخ بھی تھے۔ پھر میں نے 1966 میں "شب خون" کا آغاز کیا، اور اریب مرحوم کے "صبا" کی طرح میرا بھی ایک مقصد اس رسالے کے اجرا سے یہ تھا کہ الہٰ آباد کے نئے لکھنے والوں کو ایک جگہ فراہم کی جائے جہاں وہ رہ سکیں، پھل پھول سکیں اور آگے قدم بڑھانے کی تیاریاں کر سکیں۔ انہیں دنوں حیدرآباد سے "آبگینے" نام کا ایک چھوٹا مجموعہ آیا جس میں حسن فرخ کے کلام نے پھر میری توجہ کو کھینچا۔ رفتہ رفتہ حسن فرخ کا کلام "شب خون" کی بھی زینت بننے لگا۔

آج جب ایک مدت کے بعد حسن فرخ کا ایک مجموعہ کلام میرے ہاتھ میں ہے تو تیس پینتیس برس کے گذشتہ شب و روز نئی زندگی لے کر میری آنکھوں کے سامنے متشکل ہو گئے ہیں۔ اس کلام میں وہی تفکر، وہی سوز، وہی دردمندی، وہی ابہام اور اشاریت ہے جس نے حسن فرخ کو سنہ ساٹھ کی دہائی میں ابھرنے والے شعرا میں ایک نمائندہ مقام دلوادیا تھا۔ گذشتہ کئی برس میں حسن فرخ نے بہت کم لکھا، اور جو کچھ لکھا اسے منظر عام پر بھی وہ شاید نہیں لائے لیکن اس مجموعے کی نظمیں انہیں ہواؤں کی خوشبوئیں بسی ہوئی ہیں جو اُس وقت اردو ادب میں تازہ بہ تازہ رہی تھیں۔ اور لطف کی بات یہ ہے (اگرچہ حیرت کی بات بالکل نہیں) کہ ان نظموں میں آج بھی وہی تازگی، وہی تفکر آمیز استعاراتی لہجہ ہے، زمان و مکان اور انسانی صورت حال اور متکلم کی روح پر سے پردہ اٹھانے کی وہی ادائیں ہیں جن سے ہم ایک عرصہ ہوا روشناس ہوئے تھے اور یہ ادائیں آج بھی پہلے ہی کی طرح دلفریب ہیں۔

اس زمانے میں جب کہ خود کو "نیا" کہنے والوں کا کلام چھپتے ہی پرانا ہو جاتا ہے اور جب کہ خود کو "نیا" کہلانے کا شوق زیادہ ہے اور صلاحیت کم، حسن فرخ کے کلام کی تازگی اور دلداری اس بات کا ثبوت ہے کہ جب تاکید شاعری پر ہو، دھوم دھڑکے اور پی۔ آر۔ پر نہ ہو، تو وہ شاعری اقبال کے شعر کی مصداق ہو جاتی ہے کہ۔

تند و سبک سیر ہے گرچہ زمانے کی رو
عشق خود اک سیل ہے سیل کو لیتا ہے تھام

یہاں "عشق" کو "شعر" کر دیجئے تو بات واضح ہو جائے گی۔ اور یہ تبدیلی نہ بھی کیجئے تو بھی کوئی فرق نہ پڑے گا، کہ اقبال کی نظر میں "عشق" میں "شعر" بھی شامل تھا اور سارے نغمے خون جگر کے بغیر سودائے خام اور سارے نقش، خون جگر کے بغیر ناتمام

تھے۔

حسن فرخ کی نظموں میں مجھے کہیں کہیں میراجی کے آہنگ کی جھلک اور جھنک سنائی دیتی ہے۔ اور یہ بہت بڑی بات ہے، کیونکہ جدید شعر میں تفکر کا جو لہجہ میراجی نے ایجاد کیا تھا اسے بعد میں صرف مجید امجد کے یہاں نئی زندگی ملی۔ وہ دن تو خیر جا ہی چکے جب خطیبانہ، تعمیمی اور معنی سے محروم "زور کلام" پر مبنی شاعری کو "تفکراتی" شاعری کا تمغا عطا ہو جایا کرتا تھا۔ اب تو حسن فرخ کی نظم میں انسان اپنی تقدیر کے بارے میں دردمندانہ سوال پوچھتا ہے۔ یا پھر اسے ان نظموں میں ایسے جواب فراہم ہوتے ہیں جن کی تفہیم خود ہی سوالوں کی محتاج ہے۔

میں مظہر ہوں اس کا کہ اس جسم خاکی میں اس کے سوا اور کچھ بھی نہیں ہے
بس اک ارتباط رہِ ضبط ترسیل سے منعکس بس وہی ہے وہی ہے
(فنا ہی بقا ہے)

لیکن اگر "ترسیل" کے "ضبط" کو ہم "ارتباط" کہیں تو پھر نظم کیا ہے، اور شاعری کیا ہے؟

تم نے پوچھا تو میں کھو گیا اک تذبذب کے گہرے سمندر میں
اک سنسناہٹ رگ و پے میں طاری ہوئی
سانس کی آہٹیں جیسے نزدیک ہوتی رہیں، دل کے نزدیک ہوتی رہیں
(اک راز کی بات)

راز کی بات کوئی پوچھے اور پوچھنے والا خود بھی اس راز کا حصہ ہو، تو پھر تذبذب کیا معنی رکھتا ہے۔ ظاہر ہے کہ حسن فرخ کی نظم ایک سطح پر تو تجربہ، یگانگت اور ارتباط دلی کی کہانی بیان کرتی ہے لیکن دوسری ذرا گہری سطح نہ کچھ سوالات بھی اٹھاتی ہے۔ ان سوالوں

کے جواب تو نہیں، لیکن کچھ دوسرے پہلوؤں کو حسن فرخ نے اپنی غزل میں بیان کیا ہے۔

کبھی پتھر بھی پانی بن کے آنکھوں سے برستا تھا
مگر اب تو دھڑکتا دل بھی پتھر بن گیا اپنا

بیزار ہوں میں شدّتِ جلوت سے اِن دنوں
پھر بھی یہی دعا ہے وہ مجھ سے جدا نہ ہو

کیوں قرب کی گھڑیوں میں تھی بے نام اداسی
تنہائی میں اب کیوں ہمیں آرام بہت ہے!

حسن فرخ کا یہ مجموعہ "دوسری دستک" ان کی دیرینہ خاموشی کی تلافی کر دے گا، یہ میرا یقین ہے۔

٭ ٭ ٭

حسن فرخ میرا دوست

علی ظہیر

اُردو شاعری،۱۹۹۰ء کے بعد، ایسا لگتا ہے کہ ایک نئے موڑ پر کھڑی ہے۔ ایک طرف غزل اس کو اپنی طرف کھینچ رہی ہے تو دوسری طرف مزاحیہ شاعری۔ آپ کوئی بھی ادبی پرچہ اُٹھالیں تو غزل ہی آپ کو نمایاں ملے گی اور کسی بھی مشاعرے میں شرکت کریں یا ٹی. وی پر سنیں تو آپ کو ترنم بازی اور مزاحیہ شاعری ہی سننے کو ملے گی۔ نظم چاہے آزاد ہو یا نثری کم کم ہی نظر آتی ہے اور اچھی تو بہت ہی کم۔ کیا ہمارے پاس موضوعات کی کمی ہوگئی ہے یا پھر ہم کسی نئے امکان کی تلاش میں ہیں؟ میرا خیال ہے کہ دونوں بھی نہیں۔

دراصل ہمارا کلچر اب کنزیومر کلچر بن چکا ہے۔ اب ادب نہ برائے ادب ہے اور نہ برائے زندگی یہ صرف برائے فروخت ہے۔ ہمارے ادیب اور شاعر یا تو عالمی مشاعروں اور سیمیناروں پر نظر رکھتے ہیں یا پھر ملک کی مختلف اکیڈیمیوں پر تاکہ انھیں زیادہ سے زیادہ انعامات مل سکیں۔ بے شک اس کی ایک وجہ اردو میں کتابوں کی فروخت پر مصنف کی صفر آمدنی بھی ہے۔ وجہ چاہے کچھ بھی ہو اردو میں اس وقت نام ایسے ہی لکھنے والوں کا ہو رہا ہے جو'اصل، کم ہیں اور نقل، زیادہ۔

جینووین (Genuine) لکھنے والے اب مشہور نہیں ہوتے، نقاد بھی انہیں لوگوں

کو اہمیت دیتے ہیں جو مارکٹ میں ہیں کیوں کہ اُنھیں بھی تو مارکٹ میں رہنا ہے۔ شاعر بھی یہی چاہتے ہیں اور نقاد بھی۔ جیسے ہر بیچی جانے والی چیز کے لئے کوئی سرٹیفیکٹ درکار ہوتا ہے، ویسے ہی ادب کے بیچنے کو بھی کوئی سند یا انعام چاہیے۔ مثلاً، عام اشیاء کے لئے 'ISI'، سرٹیفیکٹ جو مال کے معیاری ہونے کی سند ہے درکار ہوتا ہے۔ ادب میں شاعر کو یہ سرٹیفیکٹ نقاد ہی دے سکتا ہے جس سے وہ کبھی اردو اکیڈیمیوں کے انعامات حاصل کرتا ہے اور کبھی سرکاری یا نیم سرکاری عالمی مشاعروں اور سیمیناروں میں شرکت کرتا ہے۔ لہٰذا اب تخلیق کار کو پہلے یہ دیکھنا پڑتا ہے کہ تنقید میں کون سا سکہ رائج الوقت ہے۔ ادب میں کس تحریک کو اب ہمارا بڑا نقاد قابلِ قبول سمجھتا ہے۔ اور اگر آپ نقادوں کی گروہ واری رقابتوں میں پھنس گئے ہیں تو پھر یہ دیکھنا ہوگا کہ ان دنوں کس نقاد کا اثر سرکاری حلقوں میں زیادہ ہے۔

ایسی صورت حال میں اگر کوئی سچی شاعری کرنے کی کوشش کرے تو یقیناً اس کی قدر کی جانی چاہیئے۔ حسن فرخ میری نظر میں ایک ایسا ہی تخلیقی فن کار ہے جو نقاد کے سرٹیفیکٹ کے لئے نہیں بلکہ اپنے شاعرانہ وجدان کی تشفی کے لئے شعر کہتا ہے۔ بقول شاعر

مانگتا ہے نئے معیار نئے سانچے حسنؔ * جلتا بجھتا ہوا اظہار نئے موسم میں

یہ نئے موسم کا تقاضا ہے یا روایت کو آگے بڑھانے کی جستجو دونوں صورتوں میں حسن نے کامیاب شعری تجربے کئے ہیں۔ اس کی اچھی مثال ان کی نظم -۔ "بوریت: بوریت ہی بوریت" ہے۔ زندگی کے نئے تقاضے جس میں فرد اپنے روحانی وجود کی شکست وریخت سے نبرد آزما ہے اور اپنے ہر انسانی جذبے اور ہر جسمانی راحت کی قیمت ادا کرتا ہے اس نظم میں بڑی کامیابی کے ساتھ پیش کئے گئے ہیں۔ جیسے شاعر یا آج کی کوئی بھی

حساس شخصیت نیند کا لطف نہیں لے سکتی کیوں کہ اُسے کسی غیر نارمل وقت پر (مثلاً کال سنٹرز) ایسے کام پر جانا ہے جسے اس نے نہیں چنا ہے چنانچہ بلکہ آج کی صارفانہ زندگی نے اسے یہ کام کرنے پر مجبور کر دیا ہے۔ وہ نیم غنودگی کے عالم میں بستر میں پڑا رہتا ہے اور ایک ایسی کشمکش میں مبتلا رہتا جسے وہ خود بھی نہیں جانتا۔ وہ جنسی آسودگی نہیں حاصل کر سکتا کیوں کہ اسے ایڈز کا اندیشہ ہے۔ آج کے گلوبل کلچر کی کاروباری دنیا میں ذاتی آسودگی اور اپنے نجی معاملات کے علاوہ ہر چیز فرض بن گئی ہے۔ نوکری میں اپنی کمپنی کے مالی نفع کے لئے جھوٹ، چاپلوسی اور منافقت فرائض میں شامل ہیں لیکن خود کے لئے میٹھی نیند سے لطف اندوز ہونا فرض نہیں، لمس کی راحت فرض نہیں، لہٰذا وہ بھاگتا رہتا ہے بھاگتا رہتا ہے ایک ایسے فرض کو انجام دینے کے لئے جس معنیٰ کے وہ نہیں جانتا:۔

سمندر کے اُٹھتے ہوئے جھاگ کو
بدن سے لپیٹے ہوئے لمس کی برف
ساری حرارت بہا کر
فرض انجام دینے مکاں سے سڑک کی طرف بھاگتا ہوں۔۔۔۔ (نظم۔ 'بوریت: بوریت ہی بوریت، سے اقتباس)

اس طرح کی اور بھی نظمیں ہیں مثلاً، ادراک، یگانگت، وغیرہ جس میں حسن نے آج کی زندگی کی عکاسی کی ہے۔ حسن فرخ نے غزل میں بھی اس کشمکش کا اظہار کیا ہے، مثلاً:

بارشِ سنگ سے جو جان بچا لایا ہے
بطنِ احساس کا پیکر کبھی ایسا تو نہ تھا

یا

ہمارے ذہن کی کھڑکی سے اُڑ چکی ہے وفا
ترے خلوص کی دوشیزگی بھی کم کم ہے

یا

حَسن یہ کون سی تہذیب چھاگئی ہے یہاں
کہ جس میں عیب نمایاں ہنر میں خاک نہیں

حسن فرخ کی شاعری کے دو نمایاں محور ہیں۔ ایک عرفانِ ذات اور دوسرا اظہارِ عشق۔ یہ آسان بھی ہیں اور مشکل بھی کیوں کہ یہ دونوں موضوعات تمام فنونِ لطیفہ کے بنیادی عناصر رہے ہیں۔ اسی لئے ان موضوعات کو مرکزی حیثیت دے کر شاعری میں کوئی نئی بات پیدا کرنا مشکل بات ہے۔ اس کوشش میں آئینے ٹوٹ سکتے ہیں دلوں میں خنجر اُتر سکتے ہیں،

چھنا کہ ہو تو پھر آئینۂ دروں نہ ہٹا
چبھے تھے دل میں جو تنہائیوں کے خنجر کھینچ
غم نہ کھا گر ہوگئی گم اپنی پہچاں غم نہ کھا
تو ہے خود فی ذاتہ تجسیمِ عرفاں غم نہ کھا

تلاش ذات کی ایک اچھی مثال حسن کی نظم "وہ بات جو کہ راز ہے" ہے۔

وہ بات جو کہ راز ہے
جبلتوں کے آئینے میں جھانکتے ہوئے بدن کے سحر کا
ثبوتِ ہوش سے شعورِ ذات تک
نکاتِ فلسفہ کی پیچ پیچ لہر کا
جو دوپہر کی اجلی اجلی ساعتوں سے

شام کی خنک خنک اُداسیوں میں ڈوبتے
حرارتوں کے سرد پڑتے جذبۂ انا کے شوقِ ہر جہاد کا
خموشیوں کی سرحدوں سے قہقہوں کی ہر کھنک تک
اک پلِ صراط ہے
ادھر گداز جسم کی لپک
سلگتی راکھ دائرہ کے سرمئی حصار
اُبلتے جوہروں کے اتصال کی کہانیاں
صدف صدف میں بارشوں کی منتظر
بدن مسک مسک کے پھیلتی اکائیوں کے لمس
رسمساتی ٹوٹتی سحر کی لذتوں سے ہم کنار
سرپٹک پٹک کے تار تار
ادھر سپردگی کی رو، حواس گنگ، انتشار ذات کی پکار
وہ بات۔۔۔۔لاشعور میں دبی ہوئی، لہو کے قطرہ قطرہ میں بسی ہوئی
وہ بات ایک راز۔۔۔۔۔ذات سے صفات تک
سیاہیوں کی ہر پرت کے جزو بے ثبات تک
وہ بات راز تھی۔۔۔۔تو
نور کے لبادے کیوں اُتر گئے

اُردو شاعری حالیؔ و آزادؔ کے زمانے سے لے کر ترقی پسند دور تک کسی نہ کسی ایجنڈہ کے تحت لکھی جاتی رہی اور وہ کسی نہ کسی سماجی تصور کے تابع رہی۔ افادہ و مقصد کے سماجی معیاروں کے تحت افکار و اظہار کی حدیں متعین کر دی گئیں۔ یہ ایک ایسا آسان نسخہ تھا

جس میں بہت سے ناشاعر بھی داخل ہو سکتے تھے اور ہو گئے کیوں کہ کسی بندھے ٹکے فارمولے پر ایک منصوبہ بند طریقہ سے اظہار خیال کرنا آسان کام ہوتا ہے۔ لیکن اس کے باوجود اقبالؔ جیسا بڑا شاعر اور فیضؔ و مخدومؔ جیسے اہم شاعر اسی زمانے میں پیدا ہوئے۔ جبکہ جدیدیت کے دور میں جہاں اظہار خیال کی مکمل آزادی فراہم تھی اور کسی بندھے ٹکے فارمولے پر شاعری بھی نہیں کرنی تھی وہاں ابھی تک ہمیں ان کے مقام پر کوئی نظر نہیں آتا۔ ممکن ہے کہ ابھی جدید شاعروں کا مزید احتساب باقی ہے نئی بازیافت اور تعبیریں ہونی ہیں اور کوئی شاعر ایسا دریافت ہو جو اقبالؔ، فراقؔ، فیضؔ و مخدومؔ کی طرح بڑا نظر آئے۔

حسن فرخ نے جدیدیت کے عین شباب کے دور میں شاعری کا ہوش سنبھالا، لیکن وہ اس کی مقبولیت میں بہہ نہیں گئے بلکہ اسی زمانے میں انھوں نے جدید شاعری کے بعض معروضی پہلوؤں پر اس طرح اظہار کیا تھا، "۔۔۔چند فن کاروں کے فنّی اجتہاد نے جن وسیلوں کی تلاش کی، وہی بہت سوں کے لئے بیساکھیاں بن گئے اور انحصار پر مبنی اس فنّی مجاوری کو عمومی طور پر عصری حسیت مان کر اس صدی کی چھٹی اور ساتویں دہائی کے پورے تخلیقی عمل پر اس کا انطباق کر لیا گیا۔ یہی وجہ ہے کہ کئی نقادوں نے جدید شاعری کے انحطاط پر مضامین بھی لکھ دیئے ہیں۔" (حسن فرخ۔ مالم یعلم۔ حرفِ اول)

جدید شاعری کے انحطاط کا اعلان حسن فرخ نے ۱۹۸۱ء میں اپنے دوسرے شعری مجموعہ 'مالم یعلم' کی اشاعت پر ہی کر دیا تھا۔ بہر حال اس سے یہ بات تو کھل جاتی ہے کہ انھیں شاعری کسی رجحان یا تحریک کے تحت نہیں بلکہ خود کے وجدان اور شعور کے تئیں کرنا پسند ہے۔ وجدان اور شعور، لمحہ کا وہ عرفان عطا کرتا ہے جو آفاقی قدر بن سکتا ہے۔ ان کی نظم 'رات' اس بیانیہ پر ختم ہوتی ہے،

لمحہ جو ہاتھ میں آ آ کے کھسک جاتا ہے
گمشدہ خوابوں سے ٹکرا کے کھنک جاتا ہے
یا ایک اور نظم ہے، 'یاد رکھو' ----
مگر یاد رکھو!
وہاں بھی کوئی ڈھونڈ لے گا تمہیں
کیوں تم لاشعوری اُفق پر
بہت وقت سے منتظر ہو
اسی لمحۂ لایزل کی
بہت دیر سے منتظر ہو
اسی لمحۂ بے بدل کی------(نامکمل)

لیکن ہر کوشش اور تلاش چاہے وہ خود کی ہو یا آفاق کی عشق کے بنا ممکن نہیں ہے۔ عشق ہی ہے جو کاس الکرام ہے، جو ہر سیل کو تھام لیتا ہے اور جس کے بغیر ہر نقش ناتمام ہے۔ عشق کے لئے حُسن لازمی ہے اور حُسن کا معیار عاشق کی نظر ہوتی ہے جو کسی مروجہ معیار کو نہیں مانتی لہٰذا حسن فرخ کا معشوق سرخ و سفید نہیں ہے وہ سانولے سلونے رنگ کا گل بدن ہے۔ وہ گلاب ہے لیکن سرخ نہیں سلونا ہے، "میرے کانوں میں کیسے ترنم بھرے مرمریں لفظ گونجے--- میرے دل میں کھلا کس طرح اک سلونا گلاب" ایک پوری غزل ہی سرمئی گلاب کی ردیف میں ہے، ایک اور شعر ہے

'سلونی خواہشیں جب سو گئیں خوابوں کے بستر پر
تو اس مہوش کی نیندوں میں مقدر بن گیا اپنا

یا یہ شعر،

لبوں کی مستی نگہ کا سرور گالوں کا کیف
مہک رہی ہے سلونے گلاب کی خوش بو

حسن نے غزل کو غزل ہی کی طرح برتا ہے اس میں فلسفیانہ یا تعقل پسند خیالات کو کم ہی جگہ دی ہے۔ وہ غزل کے بنیادی مطالبات کو پوری چابکدستی سے نباہتے ہیں اسی لئے ان کی غزل میں کسی فیشن کی نہیں بلکہ ان کی اپنی آواز ہمیں سنائی دیتی ہے۔:

عجیب لمحہ ہے یادوں کی جھلملاہٹ میں
لرزتی پلکوں پہ تنہائیوں کی شبنم ہے
حصار ذات نے کی ہیں وہ دوریاں پیدا
نشاط و کیف کی وابستگی بھی کم کم ہے
حسنؔ یہ کون سی تہذیب چھاگئی ہے یہاں
کہ جس میں عیب نمایاں ہنر میں خاک نہیں

نظم میں جیسا کہ اوپر کہا گیا حسنؔ کے ہاں فکری اور عشقی دونوں عناصر پورے آب و تاب کے ساتھ ہمیں ملتے ہیں۔ ان کی عشقیہ نظمیں 'تم بہت خوب صورت ہو،، 'میں تمہیں چاہتا ہوں،، 'بسر و چشم،، 'اک راز کی بات،، اور 'یہ سفر ضروری ہے، میں شاعر نے صرف محبت کے جذبات نہیں بلکہ زندگی کی اور حقیقتوں کا بھی احاطہ کیا ہے۔ حسنؔ کی نظم 'اک نئی صبح، ایک کامیاب نظم ہے، اس میں تضادات سے معنویت پیدا کی گئی ہے۔

اک نئی صبح یوں جھانکتی ہے افق سے پرے
صبح جیسے نہیں صرف پرچھائیں ہے
عکس ہے
جیسے اک گل بدن کا یا کسی ماہ وش کی تمنا ہے،۔۔۔۔۔جو

لوریاں دے رہی ہے
خموشی کی سنسان سی وادیوں میں
جیسے احساس کی سیڑھیوں سے اُترتی ہوئی

دھوپ ہے.........یا
ٹھٹھرتی ہوئی ان چھوئی کوئی خواہش ہے، جو
زیست کی کپکپاتی ہوئی گرم باہوں میں مدہوش ہے
(اقتباس، نظم 'اک نئی صبح، سے)

صبح کے وقت لوریاں اور دھوپ میں ٹھٹری ہوئی سرد خواہشیں ایسا غیر متوقع اظہار ہے جو قاری کو فوراً سوچنے پر مجبور کر دیتا ہے۔ یہ ایک ایسی صبح ہے جو احساس کی سیڑھیوں سے اتر رہی ہے۔ اس نظم کی ابتدا منفی اظہار سے ہے لیکن حسن نے ایک لفظ 'مگر، کا استعمال کر کے منفی پہلو سے مثبت پہلو کی طرف گریز کیا ہے، اس 'مگر، سے 'مسجدِ قرطبہ، کا وہ 'مگر، یاد آتا ہے جہاں سے اقبالؔ نے گریز کیا تھا اور انھیں مسجد کی عمارت میں رنگِ ثباتِ دوام نظر آیا تھا۔

حسنؔ فرخ کا یہ مجموعہ "دوسری دستک" مجھے امید ہے کہ اچھی شاعری پڑھنے والوں کو یقیناً پسند آئے گا اور اُن کے ہنر کی قدر کی جائے گی اور انھیں پھر یہ کہنا نہیں پڑے گا کہ

سنبھل کر بیٹھیے غیروں کی محفل ہو کہ اپنوں کی
برابر بیٹھنے والے نہ کر دیں وار خنجر سے

***

اے کمال سخن کے دیوانو

حسن فرخ

عروضی تعریف میں بامعنیٰ مجموعہ الفاظ کو کلام اور باوزن (موزوں) کلام کو شعر کہا گیا ہے۔ شعر کے لغوی معنیٰ وہ، سخن موزوں، جو مقصد یا بغیر مقصد کے لکھا جائے اور جو با مقصد لکھا جائے بھی بتائے گئے ہیں۔ شعر کے لغوی معنیٰ، جاننا، دریافت کرنا بھی بتائے گئے ہیں، لیکن اصطلاحاً اس کے معنیٰ جانی ہوئی چیز ہیں۔

نظم کے لغوی معنیٰ، موتیوں کے دھاگے میں پرونا، بندوبست، انتظام اور کلام موزوں بتائے گئے ہیں۔

نثر کے لغوی معنیٰ، پراگندہ، بکھرا ہوا، پھیلا ہوا، تتر بتر اور اصطلاحاً سادہ عبارت، مربوط جملے بتائے گئے ہیں۔

شعر، نظم اور نثر کے یہ عروضی اور لغوی معنیٰ ہیں۔

شعر نہ صرف جبلتوں کی تہذیب کا عمل ہے، بلکہ تصورات، احساسات، خوابوں اور ان کے حقائق سے ٹکراؤ کی از سر نو ترتیب و تخلیق اور اس کے ذریعہ مستقبل کے تحت الشعور اور اجتماعی شعور و لاشعور پر اثر پذیری بھی ہے زندگی کے جن جن پہلوؤں میں ناتمامی کا معمول یا شدید احساس ہو ان کی تکمیل کے خوابوں سے شعر آنے والے عہد کے تحت الشعور کا جزو بن جاتا ہے اور مستقبل کی تہذیب اور ثقافت کے لئے اہم اخلاقی خد و

خال فراہم کرتا ہے۔ وہ محض موزونی طبع کی بازی گری یا لفظوں، مصرعوں اور سطروں کی صنعت گری نہیں ہے۔ شعر میں اس طرح کا منطقی اور تخلیقی جواز نہ ہو تو وہ شعر نہیں سطحی بیان یا محض اطلاع ہے۔

شعر میں لفظ کا تعمیمی نہیں، تخصیصی اور تخلیقی استعمال ہوتا ہے، جو معنیٰ، صوت اور آہنگ کا خصوصی حساس جذبہ پیدا کرتا ہے۔ اسی لئے وہ (لفظ) اکہرے اور کھوکھلے نہیں بلکہ تہہ در تہہ اور پہلو ہمہ پہلو احساس کی ہمہ رخی ترسیل کا ذریعہ ہوتا ہے۔

شعر کا مقابل، علم و حکمت ہے اور اس کی ضد نثر نہیں غیر شعر ہے۔

نظم میں اپنی بندشوں کے سبب، لفظ ایسا تخصیصی اور تخلیقی کردار کھو بھی سکتا ہے، جس سے جذبہ کی شدت کم بھی ہو سکتی ہے۔ تاہم اس کا تعلق استعمال سے ہے، محض ہئیت سے نہیں۔ از خود یہ سوال ابھرتا ہے کہ کیا وزن کے بغیر، شعر کا منطقی اور تخلیقی جواز محض شعری مواد کے ذریعہ ممکن ہے۔

شعری مواد، خطابت، انشاء پردازی اور فکشن میں بھی ہوتا ہے۔

شعر کے لئے زبان کا آہنگ ضروری ہے، جو صوت اور معنیٰ کے بہاؤ سے پیدا ہوتا ہے، جبکہ عموماً عروضی وزن ہی کو صوت اور آہنگ قرار دیا جاتا ہے۔

عروضی وزن، محض خارجی آہنگ ہے۔ داخلی آہنگ، زبان کا حقیقی آہنگ ہوتا ہے۔ خارجی آہنگ کو دو اور دو چار کی طرح جدول بنا کر آسانی سے ظاہر کیا جا سکتا ہے۔ جبکہ زبان کے آہنگ یا نامیاتی آہنگ کو آسانی سے ظاہر نہیں کیا جا سکتا۔ عروضی وزن سے پیدا ہونے والے صوت و آہنگ کے نشیب و فراز سے گزرنے والے یہ چیلنج کیا کرتے ہیں کہ داخلی یا نامیاتی آہنگ کو ثابت کیا جائے۔

اس نامیاتی یا تکلمی آہنگ کو ثابت اور ظاہر کرنے کے لئے علم لسانیات اور اس کی

شاخ صوتیات کی مدد ضروری ہے۔

کسی بھی کلمہ کے صوتی زیر و بم اور بہاؤ کی کیفیت، زبان کا آہنگ ہے، جو عروضی وزن سے مختلف ہے۔ کیوں کہ یہ ایک کیفیت ہے جسے تحریر کی گرفت میں نہیں لایا جا سکتا۔

آوازوں یعنی مصمتوں، مصوتوں اور نیم مصوتوں کے ملنے اور لفظوں کے کلمے میں بولے جانے سے صوتی بہاؤ کی کیفیت پیدا ہوتی ہے، جو کئی خصوصیات کا مجموعہ اور بالا صوتی امتیازات کی حامل ہوتی ہے اور زبان کی آہنگ یا نامیاتی آہنگ کی تشکیل ان ہی با صوتی امتیازی خصوصیات سے ممکن ہے، جو حروف کی طرح الگ الگ نہیں لکھی جا سکتیں۔ یہ بالا صوتی امتیازی خصوصیات ایک لہر کی صورت میں ہوتی ہیں، جن میں جذبات و لہجہ کے فرق سے نشیب و فراز اور ارتعاش پیدا ہوتا ہے کیوں کہ آواز نسبتاً جامد ہوتی ہے، مثلاً ج، ل، ب اور ن وغیرہ لیکن کلمے کا صوتی بہاؤ یا زبان کا آہنگ نسبتاً سیال ہوتا ہے مثلاً

لہروں کے بچھرنے کا عنوان

زندگی کے تموج کا اعلان

اور، زندگی موتیوں کی ڈھلکتی لڑی

پہلی سطر میں " کے بچھرنے کا" میں میں " بچھرنے " کی یائے معروف کھینچ کر پڑھی جائے گی۔ چونکہ " بچھرنے " میں کے بعد بچھرنے کا پہلا حرف زیر سے شروع ہوتا ہے، اسی لئے دونوں آوازوں کے درمیان، وقفہ کم ہو جائے گا اور " بچھرنے کا" میں چونکہ کا کا پہلا حرف زبر سے شروع ہو رہا ہے، اسی لئے " بچھرنے "" کے " نے کا وقفہ نسبتاً طویل ہو جائے گا۔ اگلی دو سطروں میں لفظ "زندگی" اسی طرح پہلی سطر میں یائے معروف کھینچے بغیر بولی جائے گی اور دوسری سطر میں زندگی کی یائے معروف کھینچ کر بولی جائے گی۔ عروضی

آہنگ میں محبت کو محب بت پڑھا جائے یا محوبت پڑھا جائے، اس کا وزن فعولن ہی رہے گا لیکن داخلی آہنگ میں محب بت بولنے میں ثقالت پیدا ہو گی اور تکلمی آہنگ وہ نہیں ہو گا، جو مثلاً رفاقت کا ہو سکتا ہے۔

اس نامیاتی یا تکلمی آہنگ کے (۳) اجزاء طول، بل اور سر لہر ہیں۔ طول، آوازوں یا مصوتوں کی کمیت کا نام ہے۔ مصوتے کی طوالت پر ادا کرنے کی قوت کا انحصار ہے اور طویل مصوتہ لفظ میں اپنی قوت ادائیگی سے زیادہ ہوتا ہے۔

آوازوں کے زمانی وقفے، جن پر آوازوں کی وقوع پذیری کا انحصار ہے، تقریباً مقرر ہوتے ہیں اور یہی ہمارے عروض کی بنیاد ہے، لیکن یہ عروضی بنیاد حرف پر ہے آواز پر نہیں۔

فنون لطیفہ کے عروج وزوال کا، تہذیب و تمدن اور مملکتوں اور سیاسی و سماجی اور معاشرتی نظام کے عروج وزوال کی شہادتیں تاریخ تمدن انسانی کے ہر دور میں ملتی رہی ہیں بلکہ ماقبل تاریخ ادوار بھی ان سے خالی نہیں۔

ترسیل ابلاغ اور تفہیم کے مسائل کے سبب، تجربات و مشاہدات، تحت الشعور میں از سر نو تخلیق اور پھر شعوری رو کے ذریعہ اس تحیر اور امکان کی عصری وقتی تناظر کے باعث تجسیم و تشکیل، موجود ترسیلی مسرت و بصیرت سے ماورا ہو کر، ارتقائی ذہنی رویوں اور مذاق سے مستقبل قریب یا بعید میں ہم آہنگ اور منطبق ہو سکتی ہے، جس کے لئے تجربات ومشاہدات کے یکساں یا مشترکہ احساس سے کہیں زیادہ مختلف سطحوں سے منعکس ہونے والے انطباقات اور رویوں کی مرتعش زیریں لہر اہم ہے۔

ترسیل ابلاغ اور تفہیم کا تعلق، شاعر اور قاری یا سامع کے درمیان ایک غیر مری مشترک زیریں لہر سے ہے، جو جبلی جذبہ یا تجربہ، خیال، حواس اور انطباقی عوامل کی

سطحوں کو یکساں طور پر چھو جانے یا مرتعش کر دینے والے عناصر یا جوہروں سے پیدا ہوتی ہے اور تجربہ اور اثر قبول کرنے کی یکساں نوعیت اور مکمل تفہیم کی عدم موجودگی کے باوجود مکمل ترسیل وابلاغ کو ممکن بنادیتی ہے۔

ادب انسانی ذہن کی اعلیٰ ترین سطح اظہار، تلاش حسن کا ایک ذریعہ اور زندگی کے تجزیہ، اس کی تحسین اور تنقید کا وسیلہ ہے۔ ادب بشمول شاعری، وہ ذریعہ ہے، جس سے خواہشوں اور آرزوؤں کی عدم تکمیل اور خوابوں کی شکست اور عدم تعبیر کی تلافی کی جاتی ہے وہ حسن مطلق کی تلاش کا ذریعہ نہیں بلکہ لاشعوری خواہشوں اور جبلتوں کی کارفرمائی کا حاصل ہے۔ ادب کا ایک مقصد ایسے احساسات کی تخلیق بھی ہے جن کے ذریعہ حقیقی دنیا اور اس کے ناقابل برداشت تقاضوں اور مطالبات سے اپنے وجود اور شخصیت کی حفاظت کی جاتی ہے۔

تخلیقی ادب میں جو کچھ بھی وجود نظر آتا ہے وہ اس کا اپنا نہیں، بلکہ ماورائے ادب وجان ایک ماخذ کا جزو ہے، کیوں کہ تخلیقی مرحلہ اور عمل پہلے ذہن میں ابھرتا ہے اور کچھ ابھرتا ہے، اس کا خارج میں کوئی وجود نہیں ہوتا۔ پھر وہ لفظوں کی شکل میں اپنا اظہاری پیکر حاصل کرلیتا ہے۔

زندگی سکون بھی ہے اور حرکت بھی۔۔۔ فلسفیانہ طور پر سکون کا تعلق وحدت و یکتائی سے ہے اور حرکت کا فرق اور اختلاف سے۔

ایسی زندگی جو مسلسل حقائق سے مملو ہو اور اپنے اندر کسی فصل یا تقسیم کو راہ نہ پانے دے، جو ہر سطح پر، ہر خیال میں کل ہی کل ہو۔۔۔ وہ زندگی، جو کچھ کہ وہ اب ہے، وہی ہمیشہ سے رہی ہو، وہ ابدی ہے، حالات و واقعات، ان کے تناظر یا نئے تناظر کا اس پر کوئی اثر نہیں ہوتا۔

زندگی اور اس کے تمام تر پہلو اور امکانات کو دیکھنے، سمجھنے، محسوس کرنے، برتنے اور اسے ایک نیا رنگ و آہنگ اور ایک نئی سمت عطاء کرنے کی کوشش، امید یا خواب کا نام نظریہ ہے جو سیاسی، سماجی، معاشرتی اور معاشی تبدیلیوں اور تبدیل شدہ حالات میں از کار رفتہ اور غیر متعلق ہو جاتے یا معلوم ہونے لگتے ہیں۔

انیسویں صدی کی نویں دہائی کے اوائل میں عالمی اور قومی سطح پر دونا قابل قیاس و گمان، سیاسی و ثقافتی تبدیلیاں ہوئیں، جو غیر معمولی اور دور رس اثرات کی حامل ہیں جن سے سارے انداز فکر اور ان کے سیاسی و سماجی تناظر بدل چکے ہیں۔

سیاسی و سماجی، تہذیبی و تمدنی زندگی کے تمام گوشوں اور تمام نظریات پر مادی عوامل ہر دور میں غالب رہے ہیں، بجز چند مختصر لمحات کے جب کہ مذہبی و اخلاقی اقدار کا غلبہ رہا ہے لیکن تاریخ ذہن انسانی ہر دور میں ایک کشمکش کا شکار رہی ہے۔ وہ مادی عوامل کے غلبہ یا اس کے آگے سپر ڈال دینے کی مصالحت کے باوجود، اس کی عظمت کو تسلیم یا قبول نہیں کر سکی۔ اسی کا عکس فنون لطیفہ میں ملتا ہے۔

"دوسری دستک "(۱۹۹۶ء)"مالم یعلم(۱۹۸۱ء)" اور "ٹوٹا ہوا واسطہ "(۱۹۷۵ء) کے بعد میری شاعری کا تیسرا انتخاب ہے۔

گر قبول افتد، زہے عزو شرف

حسن فرخ

***

وہ ربِّ عظیم

جس نے مٹی سے آدم بنایا
جس نے اک حکم سے آسمان و زمیں
کائنات اور حیات
سب کو بخشا وجود
ذرّہ ذرّہ میں ہے، روح اس کی
مگر وہ کہیں بھی نہیں ہے
سب ہیں پابند اس کے
اس کی مرضی بنا سانس پر بھی نہیں بس کسی کا
وہی اپنا رب ہے وہ ربِّ عظیم
جو سر چشمہ ابتداء بھی ہے اور انتہائے حیات
جو لفظوں کو معنی عطاء کرتا ہے اور
خیالات کو عکس و رنگ
جو بصارت بھی دیتا ہے، بصیرت بھی اور سماعت بھی
جو ظاہر بھی ہے اور باطن بھی ہے
مگر وہ تو ظاہر سے بھی ماوراء ہے
باطن سے بھی

یوں ہمارے حواس اُس کا احساس، ادراک

دیدار کرنے کے قابل نہیں ہیں

ہماری زباں اور تکلم

جس کے اظہار کی خود میں طاقت نہیں پا سکے ہیں

وہی اپنا رب ہے، وہ روحِ عظیم

ہم اپنی زباں اور اس کے دیئے سارے لفظوں سے بھی

اس سے باتیں نہیں

کرنے پاتے

مگر وہ سبھی جانتا ہے، جو ہم جان سکتے نہیں

وہ سب جانتا ہے جو لب پر ہے یا

کہ دل میں ہے

گرچہ طاقت تکلم کی اس کی ہی بخشش ہے

نہ آنکھوں سے ہم دیکھ سکتے ہیں اس کو

نہ محسوس کر سکتے ہیں

گرچہ بینائی اور لمس، اسی کے عطاء کردہ ہیں

وہی اپنا رب ہے، وہ روحِ عظیم

کہ اب تک ہم اس کی حقیقت کے اک عکس

ہی سے آگاہ ہوتے رہے

جو جھلکتا ہے احساس کے آئینے میں

کہ جو نفس میں بس گیا ہے ہمارے

وہی اپنا رب ہے، وہ روح عظیم
بس اُن ہی کی وہ گہرائی فکر کو
جانچتا اور پرکھتا ہے
جو اسے ماورائے خیال و تصور سمجھتے ہیں
جو سمجھتے ہیں وہ فکر کے دائرہ کا بنے گا اسیر
وہ پرکھتا نہیں اُن کے فہم و تفکر کو
وہی اپنا رب ہے وہ روحِ عظیم
اسی سے دعاء ہے یہ میری
کہ رستہ دکھادے مجھے جذب و ادراک کا
اس پہ چلنے کی طاقت عطاء کر
کہ جس راستے سے گزر کر
جلوہ گر دیکھ لوں، اس کو ہر ایک موجود میں
وہ جو ظاہر ہے اور باطن بھی ہے، اپنا رب ہے
وہ روح عظیم

***

اللہ، ابلیس اور آدم

خدا تو عظیم و برتر بھی ہے، خالق ادنیٰ و اعلیٰ بھی ہے
خدا روحِ اعلیٰ و ارفع ہے
وہ ہر ایک قانون اور ضابطۂ مادّہ و روح کا
ہے خالق بھی اور ہے بجائے خود اک
قانونِ مطلق بھی
وہ اک راز بھی ہے مگر سب پہ ظاہر بھی ہے
اس کی قربت کی چاہت اگر ہو
تو پھر جسم میں اپنے موجود ہر نفس سے ماوراء
روح کی ساری گہرائیوں میں اترنا پڑے گا
توجہ کی مرکوزیت سے نپٹنا پڑے گا
خیالِ وجود اور رفتارِ سر سر پہ فوری لگانی پڑے گی لگام
ہاں ضروری ہے ایسے میں نورِ ضمیر اور اک خلائے بسیط
اس کی وحدانیت کے احاطے میں ہیں لا مکاں اور مکاں
کیوں کہ وہ ساری سمتوں سے، جہتوں سے ہے ماوراء
اس کی قدرت کے تابع ہیں سمتیں تمام
اس کی ایماء کی ہیں منتظر ساری جہتیں کہ وہ ساری سمتوں کا

مالک بھی ہے
مگر ماوراء ہے، سبھی سے کہ ادراک بھی اس کا ممکن نہیں ہے کسی سے
کیوں کہ وہ، نہ تو پیدا ہوا ہے کسی سے، نہ اس نے کسی کو دیا جنم، پھر بھی
وہ خالق ہے انسان کا، ایک اک کائنات ازل و ابد کا
پھر بھی وہ ذرّہ ذرّہ میں ہے، سب جہانوں کی کیفیتِ کیف و مستی میں
اور ہر ہر عمل میں ہے پنہاں بھی ظاہر بھی
سورجوں اور چاندوں کی ساری توانائیوں میں بھی اور
پُر سکوں روشنی میں بھی موجود ہے
مگر قلبِ انسانی اس کا مامن بھی مسکن بھی
دل کی آنکھوں کی اس تک رسائی ہے، لیکن
صرف محسوس کرنے، نوعِ انساں کی خاطر
طاقت خیر کا انعکاسی حصول ایسے ممکن ہے، جیسے کہ
انسان پوری طرح اک سکوت و سکون و بقاء
طاقتِ ربِ ارفع کے جذبات و مستی سے سرشار ہو
پھر سکوں ہی سکوں ہے، اور اللہ ہی اللہ ہے
وہ روحِ بلاخیز کیا ہے کہ جو پہلے کچھ تھی مگر شر ہی شر ہے اب
اس کی منزل نہیں کوئی جز شر پسندی، عمل اس کا
فقط اک مثلث کے ہر زاویئے میں مقید بھی ہے، اور آزاد بھی،
ہم آہنگ ہے، مگر اصل میں اور ہی کچھ ہے وہ اور کئی طاقتوں میں ہے وہ منقسم
اس کا مری وجود ایک بے اصل، بے بس ہیولیٰ ہے

جو ظاہر میں ظاہر نہیں ہے، مگر زندہ ہے، اس پل تلک، جب تلک
اس کو مہلت ہے حاصل کہ لوگوں کو گمراہ کرنے میں کوشاں رہے
وہ ناواقف راہِ گم کردہ کب ہے، وہ تو ہے، منکر حکم ربِّ عظیم
حیاتِ مدام و دوام اس کو حاصل ہے، پر اس کو حاصل کہاں استقام
توجہ کی یکسوئی ہے، نہ سکونِ ثبات اور نہ مستی، نہ کیف
اس کے انکار نے، ذرّہ ذرّہ میں اس ذات کے
انتشار ایک پیدا کیا اور غرور و تکبر نے اس میں فقط ایک ترغیبِ شر گھول دی
غرور اس کا یہ تھا کہ وہ آگ ہی آگ ہے
اس کا انکار یہ تھا کہ سجدہ کروں اس کو جو مٹی ہی مٹی ہے
اسی سوچ نے اس کو کمزور بھی اور محدود کر دیا اور ملعون بھی
صرف تخلیق کافی نہیں ہے، مکمل بھی ہو، اس کا مقصد بھی ہو
تخلیق کی ایسی صنعت گری، اچھے صناع کی پہلی پہچان ہے
کرّۂ ارض کی سب سے اشرف جو مخلوق ہے، وہ بس انسان ہے
جس میں صنعت گری کی سبھی خوبیاں اور نازک سی تصویر کا دائرہ
ایسے شامل ہے جیسے کہ وہ خالق کائنات ازل اور ابد کا خلاصہ ہے
جس کا جسمانی و معنوی ارتقاء، رب کا اک ہے اشارہ
کہ جس میں حیاتِ دوروزہ کی ہر ہر طلب قید ہے، ہر تمنا اسیر رہ گمرہی ہے
مگر دل یہ کہتا ہے، ایسا نہیں ہے، مگر اس کی ہر سانس کی اصل سے
اک ظہورِ وجود از خود، اندیشہ ارتقائے حیات نمو ہے
کیوں کہ وہ رب کی اعلیٰ ترین، اک وجودی حقیقت ہے، جس کا کوئی عکس بھی

اس جہاں میں نہیں ہے، وہ ہزاروں برس کے مکمل جھکولے کا اک انفرادی و ذہنی
عمل ہے
وہی کائنات ازل کا تسلسل ہے، تاریخ کی اک کڑی ہے
جس نے انسان کو عقل دی، پہلے اشیاء کے سب نام اس کو سکھائے
کہ جن سے فرشتے بھی واقف نہیں تھے، تمدن سکھایا
تصور بھی اس کا سدا نوعِ انسان کی روحانی و منضبط زندگانی کا محور رہا ہے
ہمیشہ سے ہے اور ہمیشہ وہ محور رہے گا
راہ کا معنوی، نفسیاتی مزاج، ایسے ذہنِ رسا سے بھی پہلے سے ہے
جس کو وجدان اور ادراکِ روحانیت کے تصور سے پہلے، الٰہی تصور کی گہرائیوں میں
ہی محسوس کر سکتے ہیں
لیکن ایسے سبھی انکشافات، وجدان، ادراک، روحانیت کی جبلّی و حسّی نگاہِ جنوں
کے ذریعہ بھی، انسان کے جنم کی ایک توجیہہ ہے، راز کے پردے گہرے ہی
گہرے ہیں
ہم ایسے ہی انداز میں سوچتے ہیں کہ کیا رب نے مٹی کو
ایسی کسی شکل میں ڈھلنے کا حکم کوئی دیا تھا
یا کہ اُس نے، خود انسان کے جسم کو، اس کے اعضاء کو، ناخن سے تا ابرو سب کچھ
بنایا تھا
اور مٹی کے اس، جسم میں پھونک کر روح
انسان کو، خوبصورت سا اک غیر مرئی لبادہ عطاء کر دیا تھا
جس میں شامل ہیں، خلیے، جسیمے، دماغ اور سب کچھ

ایسے سارے حقائق کے پردے تو اُٹھتے رہے ہیں، مگر ایسا لگتا ہے رب نے
ایسے سارے حیاتی عمل کو کچھ اس طرح سے مرتکز کر دیا ہے
کہ جو بھی ہے تخم حیات اپنے اندر، مکمل حیاتی عمل اس میں موجود ہے
اپنے اعضاء، بدن، روح اور ذہن کی قوتوں میں ہی موجود ہو
کون ہے وہ، بھلا کون ہے،
بھلا کون ہے؟ میں نہیں تو بھلا کون ہے

٭٭٭

یا مصطفیٰ صلِّ علیٰ

ہے یہی لب پر دعا یا مصطفیٰ صلِّ علیٰ
دل سے نکلی یہ صدا یا مصطفیٰ صلِّ علیٰ
میری رگ رگ میں یہی نغمہ رواں ہے رات دن
مصطفیٰ صلِّ علیٰ یا مصطفیٰ صلِّ علیٰ
آپؐ سے ہے التجا بخشش ہماری کیجئے
ہے یہی یوم الجزا یا مصطفیٰ صلِّ علیٰ
جان ومال ورتبہ واحساس کیا ہے، روح بھی
آپؐ پر کر دوں فدا یا مصطفیٰ صلِّ علیٰ
کر چکیں گے آپؐ کے روضہ کا جب دیدار ہم
کچھ نہ ہو گا مدّعا یا مصطفیٰ صلِّ علیٰ
اس غلامِ مصطفیٰ کی آرزو ہے یہ حسنؔ!
نورِ قربت ہو عطا یا مصطفیٰ صلِّ علیٰ

***

فنا ہی بقاء ہے

تباہی تباہی، تباہی کا ہر پھل گلستاں گلستاں
یہی کھوج ہے لمسِ جاں کی، یہی کھوج ہے خود میں گم قطرۂ جاں
دھڑکتا ہوا دل ہے اوجِ زمان و مکاں، آئینہ جس میں ہر آن لمحوں کی سرگوشیاں
زمانے کو معلوم تھی سر پٹکنے کی بے روح خشکی، سر پٹکنے کی، بے روح خشکی

زمانے کو معلوم ہے
خود اپنے توسط سے دل تک، اور اس تک رسائی کی
لیکن اُسے کوئی سُن گُن نہیں تھی
اُسے کوئی سن گُن نہیں ہے

اُسے کیا خبر تھی مری ابتداء ہے نفی، مری ابتدائے نفی کی اُسے کیا خبر ہے
اُسے کیا خبر تھی، مری انتہا اور بنیاد اثبات ہے، کیوں کہ میرے سواء کوئی موجود
کب ہے

کہاں ہے، کہاں ہے
مری انتہا اور بنیادِ اثبات کی، ہاں اُسے کیا خبر ہے

کہ بس، مے ں ہی موجود ہوں

یہاں ہوں، یہاں ہے

یہاں تو بس اک نورِ بے سایہ تھا، نورِ بے سایہ ہے
مظہرِ بے گماں کا یقیں ہے
جلال و جمالِ دعاء و اثر ہے اگر تو، یہی ہے، یہی ہے
یہیں ہے، یہیں ہے

میں موجود کی دے رہا ہوں شہادت، وجودِ انا سے
شہودِ حواس و نوا، سے
صفات اب تو معدوم ہیں، ذات ہی ذات موجود ہے
کہ رازق ہے، راحم ہے، غفّار ہے، خالقِ دو جہاں، مالکِ روز محشر
کہ جس نے کیا خلق آدم کو مٹی سے ابلیس کو آگ سے
صفات اب تو معدوم ہیں، ذات ہی ذات موجود ہے
میں موجود کی دے رہا ہوں شہادت
کہ مے ں تو گزر ہی چکا ہوں، ترِی یاد کی منزلوں سے بھی رشتوں سے بھی دور
کہ یادیں دوئی کی علامت ہیں، ہر سانس دیتا رہا ہوں شہادت کہ
کہ سانسوں کی اس آمد و شد کا
مقصد یہی ہے

شہادت ہی پھل ہے، وصالِ بدن ماورائے بدن ہے
بھلا قالبِ آدمی میں، میں، اپنا عدد کیسے ہو جاؤں
کسی نفس کی بارگاہِ فنا میں، بھلا سرخرو کیسے ہو جاؤں

حقیقی شہادت سے ذکرِ جلی تک، جو ترکِ وجودِ عدم تا عدم ہے
کہ منزل مرے عشق کی بس قدم دو قدم ہے، ارم ہی ارم ہے
کہ دل میرا گنجینۂ رازہائے فنا تا بقاء تھا
فنا تا بقاء ہے
فنا ہی فنا ہے، فنا ہی بقا ہے، بقاء ہی بقاء ہے
میں مظہر ہوں اس کا کہ اس جسمِ خاکی میں اُس کے سواء اور کچھ بھی نہیں ہے
بس اک ارتباطِ رہِ ضبطِ ترسیل سے منعکس بس وہی ہے، وہی ہے
مری انتہا، ابتداء بس یہی ہے، یہی ہے شہادت، یہی ہے شہادت
یہی ہے فنا بھی، یہی ہے بقاء بھی، فنا ہی بقاء ہے، بقاء ہی بقاء ہے

* * *

دوسری دستک

چند گزرے ہوئے تیز رو موسموں میں
بہت دھیرے دھیرے مرے دل کے دروازے پر
موت کی سنسناہٹ
مجھے پھر سے خوش فہمیوں کے سنہرے افق
سے حقیقت کے پردے پہ یوں منعکس کر چکی ہے
"سنبھل جاؤ! لمحے بڑے تیز ہیں
کسی کے لئے بھی اور کسی سے بھی رُکتے نہیں"
پہلی یہ سنسناہٹ ہوئی تھی تو میں
محض اک شدت کیف ہستی و مستی ہی سمجھا
تیز لمحوں کی سب آہٹوں کو
میں نے احساس کے دائروں میں مقید کیا
جو مری فہم کا اک سراب حسیں تھا
اور اب دوسری سنسناہٹ نے چونکا دیا ہے مجھے
کہ سانسوں کی یہ ڈور، لمحوں کی رفتار سے یوں بندھی ہے
کہ لمحات اسے چھوڑ سکتے ہیں
کیوں کہ یہ لمحے بڑے تیز ہیں

کسی کے لئے بھی اور کسی سے بھی رکتے نہیں
اس احساس کے ساتھ ہی میری گزری ہوئی زندگی کا
ہر اک لمحہ ہر پل، ذہن پر نقش اپنے دکھانے لگا
اپنے ایمان کی روشنی میں مجھے
زندگی اور اجل رنگ اور عکس اپنے دکھانے لگیں
اب مجھے بس سکوں ہی سکوں ہے
مرے گزرے ہوئے موسموں میں بزرگوں، شفیقوں، رفیقوں
مرے ساتھیوں اور چھوٹوں،
رفیق حیات اور بچوں کسی سے کسی مسئلہ پر کوئی اختلاف نقاطِ نظر
یا انا کی بناء پر کسی کا کبھی دل دکھا ہو، کوئی ٹھیس پہنچی ہو
تو دل کی گہرائیوں سے سبھی سے میں بخشش کی یہ التجا کر رہا ہوں
کیوں کہ سانسوں کی یہ ڈور لمحوں کی رفتار سے ہے بندھی
اس کو لمحات چھوڑ سکتے ہیں جب بھی انہیں حکم مل جائے
کیوں کہ لمحے بڑے تیز بھی ہیں اور پابند رب ازل اور ابد ہیں

***

میں نے دیکھا۔۔۔

میں نے ایکو پر اسس کے دوران
اپنی آنکھیں اٹھائیں تو محسوس ایسے ہوا
آئینہ میں تو چہرہ نہیں، کائنات تصور رواں ہے
زندگی اپنی رعنائیاں یوں دکھاتی ہے
جیسے کہ دل ہی ٹپکتا ہوا قطرۂ بے سکوں ہے
بیکراں بحر ہے
میں نے دیکھا کہ اس آئنہ بحر کی تُند ہلچل
بہت خوبصورت ہے
جس سے ابھرتی ہوئی لہر ایسے فضا میں ابھر کر
بکھرتے ہوئے پھر سمندر سے ملتی ہے
سب رنگ اور عکس کے زاویوں کا ترنم ہوں جیسے
میں نے سوچا کہ دل کے تعلق سے میرے تصور کے
خاکے، حقیقت کے بر عکس ہیں
میں نے سوچا ذرا غور سے اس میں دیکھوں
وہ تصویر آخر کہاں ہے
کہیں اس کا پر تو ہر اک لہر پر منعکس، مضطرب ہے کہ

رنگوں میں مل کر، بہت دل نشیں ہو گئی ہے
وہاں کچھ نہیں تھا
میں نے سوچا کہ سرکارؐ کا نور کیا جگمگاتا یہیں ہے
اور نظریں اٹھائیں تو دیکھا، ہر اک شئے وہاں روشنی سے منور ہے
میں نے سوچا کہ کہتے ہیں اللہ دل ہی میں رہتے ہیں
کیوں نہ کوشش کروں اور دل کی سبھی وسعتوں میں
انہیں دیکھ لوں آنکھیں اٹھائیں تو دیکھا
بس اک نور ہی نور جلوہ دکھانے لگا
پھر جہانِ تصور منور ہوا
لیکن ایک و کا وہ آئینہ سورج کی مانند شعلہ فشاں تھا

٭ ٭ ٭

گھر سے نکلو تو۔۔۔

گھر سے نکلو تو یہی لگتا ہے اک شور بپا ہے ہر سو
کوئی آواز سنائی نہیں دیتی، جس میں
گھڑ گھڑاہٹ ہے جو پوں پوں کی صداؤں سے
رگڑ کھاتی ہے
گھنٹیاں فون کی، جیبوں سے لگاتی ہیں چھلانگ
گاڑیاں اور بسیں دوڑ رہی ہیں،
جیسے،
موت ہے ان کے تعاقب میں رواں
سڑکیں اس بوجھ تلے حیراں ہیں
کسی معصوم سے بچے کی طرح
میں کھڑا سوچ رہا ہوں کہ کہاں جاؤں؟
سڑک پار کروں تو کیسے؟
فون کے، برقی کے کھمبے، ہنس کر
اس تذبذب کا اڑاتے ہیں مذاق
اور کہتے ہیں:"یوں ہی چُپ چاپ رہو گے جو کسی سوچ میں گم
تو ہماری ہی طرح

کووں چمگاڈروں، چیلوں کا
تم پر بھی بسیرا ہو گا"
ہارن اک گاڑی کا گونجا "پوں، پوں"
جیسے کہتا ہو: "زندگی دوڑ رہی ہے کہ مشینیں کہیں آگے نہ نکل جائیں
اسی دوڑ میں، سب شور مچاتے ہیں، ہٹو،
راہ سے فوری ہٹو، راستہ دے دو ہم کو"
چیختے لمحے یہ کہتے ہیں: "صدا تم بھی بہت زور سے دے دو
وقت بھی مجھ سے یہی پوچھتا ہے، ایسے تذبذب سے بھلا کیا ہو گا
مجھ سے کہتا ہے صدا زور سے دینا،
"سَاعت اٰتیتہٌ"
مری روح کی گہرائی سے نکلی یہ صدا، کون و مکاں سے بھی پرے جا پہنچی
عرش سے آئی ندا: "کون بندہ ہے مِرا جو ہے دہائی دیتا"
گونج تم اپنی صدا کی یوں ہی چپ چاپ سنو
"سَاعت اٰتیتہٌ"
گھر سے نکلو تو یہی سوچ کے نکلو۔۔۔

* * *

دل اور ذہن کا رشتہ

یادیں ہلکورے لیتی ہوئی ذہن میں مرتعش ہیں
یادیں: بچپن سے اب تک کی
جو تتلیوں کی طرح انگلیوں میں
مسک کے گلے شکوے کرتی ہیں
سرگوشیوں میں المناک اور
طربیہ ساعتوں کی مدھر نَے کے نغمے
سسکتی کسک، چھوڑ جاتی ہیں
میں پوروں سے حسرت سے پوچھتا ہوں
کہ کیا تم نے میری امانت
لرزتے ہوئے گرم ہونٹوں کے تفویض کردی
اچانک مرے کپکپاتے لبوں کی مہکتی خنک تاب خوشبو
رگ دپے میں یوں
ٹھنڈکیں پھینکتی ہوئی اُڑ گئی
بدن سرد اور منجمد ہو گیا
خون جیسے رگوں میں سمٹنے لگا جم گیا
میں نے محسوس ایسے کیا، نور اک رابطہ بن گیا

میرے دل اور مرے ذہن کے درمیاں
اور دونوں کے رشتے کو جوڑے ہوئے ہے
میں اسی سوچ میں ہوں
خدا کے مکاں کا طواف اور پھر
روضۂ مرتضیٰؑ کی زیارت سے پہلے
یہ رشتہ بھلا ٹوٹ سکتا ہے
دل سے آواز آئی:
ہاں ٹوٹ سکتا ہے، گر حکم آجائے
کیوں کہ قادر وہی ہے
قادر مطلق جان و کون و مکاں ہے وہی
التجا اب اسی سے ہے
بارِ الٰہ
طواف اور زیارت کی توفیق عطاء کر

* * *

پیارے کچھ تو کہو۔۔۔

(غیاث متین سے)

ابھی ہم نے اپنے خیالوں کو دنیا کا حصہ بنایا نہ تھا
ابھی ہم نے اک دوسرے کی نگاہوں میں جھانکا نہیں تھا
نگاہوں سے دل کا سفر طئے کریں کیسے سوچا نہ تھا
ابھی اپنی آنکھوں میں رقصاں رویوں کو جانا نہیں تھا
لاشعوری انا کے تحفظ کی گہرائیوں کو شعوری سلاخوں کے پیچھے ڈھکیلا نہ تھا
زندگی کی کٹھن آتشیں وادیوں کے دہانے کو پاٹا نہیں تھا
بہت سے کٹھن مرحلوں پر ابھی دو بدو گفتگو بھی نہ کی تھی
بہت سے سوالوں کے ہم نے جوابات سوچے نہیں تھے
ہم نے سمجھا تھا
مہلت ہمیں مل سکے گی بہت
اس کی قدرت میں صدیاں بھی
ایک پل سے بھی کم ہیں
کیوں کہ میں یہ سمجھتا تھا، اپنے حقیقی سفر کی یہی تو گھڑی ہے
میں نے سوچا تھا۔۔۔

اب آزمائش کا وقت آگیا ہے
مگر تم تو۔۔۔
اس موڑ پر چل دیئے
کیا ہمیں خواب کی آہٹیں بھی دکھائی نہ دیں گی؟
کیا خیالوں کو دنیا کا حصہ بنانہ سکیں گے؟
خدا کے لئے کچھ کہو
پیارے۔۔۔
کچھ تو کہو!

***

پیش یار می رقصم

از حضرت خواجہ عثمان ہارونی رحمۃ اللہ علیہ

ترجمہ

نہیں ہے علم آخر کیوں دمِ دیدار ہوں رقصاں
مگر اس ذوق پہ ہے ناز پیشِ یار ہوں رقصاں

تو وہ قاتل تماشے کو بہاتا ہے لہو میرا
میں وہ بسمل کہ زیرِ خنجرِ خونخوار ہوں رقصاں

تماشا دیکھ جاناں، بھیڑ جاں بازوں کی ہے، جس میں
بصد سامانِ رسوائی سر بازار ہوں رقصاں

مری رندی ہے وہ پامال ہے صد پارسائی بھی
مرا تقوی ہے وہ باجبہ و دستار ہوں رقصاں

میں وہ عثمانِ ہارونی کہ ہیں منصور میرے یار
ملامت کرلیں سب میں بر فراز دار ہوں رقصاں

***

غزلیں

کوئی معبود نہیں ، ایک خدا ہے تو سہی
میری ہر سانس فقط اُس کی عطاء ہے تو سہی

ساتوں افلاک سے وہ ، عرش بریں تک پہنچی
دل سے بے ساختہ نکلی جو ، دعا ہے تو سہی

وقت کی دھوپ میں چہرہ ہی جھلس جائے تو کیا؟
میری رگ رگ میں رواں رنگِ حنا ہے تو سہی

شکر ہے رشتہ دل تو نہیں توڑا اُس نے
خوش نہیں ہے نہ سہی مجھ سے خفا ہے تو سہی

میں حسینؓ ابن علیؓ ہوں ، نہ تو ہو سکتا ہوں
ہر نفس معرکہ کرب و بلا ہے تو سہی

کاسئہ روح کھنک جائے تو حیران ہو کیوں
اس میں کچھ بھی نہ سہی ایک انا ہے تو سہی

وقت اک سیل مصائب ہے تو ہو، غم ہے کسے
ہر قدم سلسلۂ جور و جفا ہے تو سہی

بخش دے گا وہ مجھے ، یوم حساب آنے تو دو
میرے نا کردہ گنا ہوں کا صلہ ہے تو سہی

گر ہی جاؤ گے خوشامد کے منارے سے حسنؔ
جوش خوش فہمی ، غفلت کی سزا ہے تو سہی

***

جینے پہ تری چاہ کا الزام بہت ہے !
دل بن کے دھڑک جائے ترا نام بہت ہے
دنیا کی ہوس ہے ، نہ زر و مال کی چاہت
دل ، دل سے ملے بس یہی انعام بہت ہے
کیوں قرب کی گھڑیوں میں تھی بے نام اداسی
تنہائی میں اب کیوں ہمیں آرام بہت ہے
آنسو جو بچھڑنے کی سزا جھیل گیا تھا
آنکھوں میں مچلتا وہ سرِ شام بہت ہے
دل سے کوئی آنکھوں تک اُتر آئے تو جانوں
جھکتی ہوئی پلکوں کا یہ پیغام بہت ہے
فرّخؔ ہی پہ موقوف نہیں آج وطن میں
جو شخص بھی اچھا ہے وہ بدنام بہت ہے

٭٭٭

رکھیو اب چاپ کی رفتار بہت آہستہ
دل کی چوکھٹ ہے یہ سرکار بہت آہستہ
یاد جب شام کے زینوں سے اُتر آئی ہے
تمتما اٹھتے ہیں رخسار بہت آہستہ
بات یہ اُن کی ہے بس دل ہی کہے دل ہی سُنے
بہت آہستہ، مرے یار بہت آہستہ
نغمۂ حُسن ابھی نیند کی آغوش میں ہے
کر لو اب سانس کی مہکار بہت آہستہ
دو محبت بھرے دل آخرِ شب ایک ہوئے
دیکھ اے چشمِ گنہ گار بہت آہستہ
گونجتی رہتی ہے تنہائی کے لمحوں میں حسنؔ
سمٹی سمٹی سی وہ جھنکار بہت آہستہ

***

میری نگاہِ شوق بھی کیا کام کر گئی
قسمت سنور گئی تری قسمت سنور گئی

دل کے حصار میں تھی بڑے ہی جتن کے ساتھ
نکلی جو گھر سے دھوپ تو پھر در بہ در گئی

وہ شام بھی عجیب تھی سرگوشیوں میں جب
مستی بدن کی روح سے دِل سے میں اُتر گئی

تعبیر کی تلاش میں گُم ایسے ہو گئے
خوابوں کی دھول تک نہ مِلی کس کے گھر گئی

اب خیریت سے ہوں ، مَیں اکیلا سہی حسنؔ
جو تھی بلائے جاں ، مرے سر سے اُتر گئی

***

نشہ نشہ سا شبِ غم رہا ہے آنکھوں میں
بکھر بکھر کے لہو ، جم رہا ہے آنکھوں میں
جو احتیاطِ نظر تھا ، نہ اشتباہِ گناہ
وہی خیال تو مدھم رہا ہے آنکھوں میں
نشاطِ غم میں عجب بے حسی کا پَرتو تھا
کہ اک سکوت کا عالم رہا ہے آنکھوں میں
اک انتظارِ تبسّم ، اک اعتبارِ الم
ابھر ابھر کے بھی مُبہم رہا ہے آنکھوں میں
برائیوں کا بھی کردار جب اضافی تھا
وہ ایک دورِ مجسم رہا ہے آنکھوں میں
جبلّتوں کو مِلا جب بھی اذن گویائی
تو گونگے جذبوں کا ماتم رہا ہے آنکھوں میں

***

ہلکا ہلکا سا نشہ جسم میں بھرتی خوشبو
سرمئی شام کے زینوں سے اترتی خوشبو
دائرہ دائرہ جذبات کے طوفانوں میں
دھیمی دھیمی سی تپش بن کے ٹھہرتی خوشبو
کپکپاتے ہوئے ہونٹوں کی لرزتی سانسیں
سرخ رخساروں کی مانند ٹھٹھرتی خوشبو
رسمساتے ہوئے عارض کے بلاوے کی طرح
کسمساتی ہوئی با ہوں میں اُترتی خوشبو
لمس کے نور میں بہتا ہوا سرشار گلاب
جسم کے مست جزیروں سے نکھرتی خوشبو
آ کہ سینے میں چھپا لوں میں حسنؔ آج تجھے
اے بلا خیز ہواؤں میں بکھرتی خوشبو

٭٭٭

سانسوں میں رسمسانے لگا سرمئی گلاب
سج دھج کے دل میں آنے لگا سرمئی گلاب

جب جب بھی یاد آ گیا سرگوشیوں کا قرب
خود ہی میں کسمسانے لگا سرمئی گلاب

یادوں کے چاند دل میں اترنے لگے ہیں اب
آنکھوں میں جگمگانے لگا سرمئی گلاب

وہ دو پہر وہ مست بدن کی سپردگی
مجھ ہی میں جب سمانے لگا سرمئی گلاب

کیف و سرور کی وہ مچلتی صباحتیں !
جذبوں کو جب جگانے لگا سرمئی گلاب

آنکھوں میں نور دل میں اترنے لگا خمار
میٹھے سُروں میں گانے لگا سرمئی گلاب

ہر زاویہ بدن کا بلا خیز تھا حسنؔ
اک آگ سی لگانے لگا سرمئی گلاب

٭٭٭

بھری برسات میں کیوں بوند بھر دیدار کو ترسے
بہت برسی ہیں تعبیریں ذرا اک خواب بھی برسے
سنبھل کر بیٹھئے غیروں کی محفل ہو کہ اپنوں کی!
برابر بیٹھنے والے نہ کر دیں وار خنجر سے
ہر اک دھڑکن میں کیفِ جذب و مستی جب کہ گھل جائے
اتر جائے گا سودا نفس کے پندار کا سر سے
مِرا احساس بھی اٹھکھیلیاں مجھ سے لگا کرنے
تمہاری یاد سے کہہ دو ، نہ نکلے آج وہ گھر سے
سلونی شب کرے سرگوشیاں مستی کے عالم میں
اُتر آتی ہیں پریاں نیند کی ، یادوں کے بستر سے
عجب دستور ہے اپنے زمانے کا حسن فرّخ
جو مر سکتا ہے باتوں سے اُسے مارا ہے پتھر سے

٭٭٭

ڈوبتی شام کا منظر ، کبھی ایسا تو نہ تھا
جتنا پیاسا ہے سمندر ، کبھی ایسا تو نہ تھا

لیکن اُس شام کوئی قرب سہارا تھا مرا
ورنہ لگتی نہ تھی ٹھوکر ، کبھی ایسا تو نہ تھا

بارشِ سنگ سے جو جان بچا لایا ہے
بطنِ احساس کا پیکر ، کبھی ایسا تو نہ تھا

دل کہ رویا تو سنبھالا نہ گیا تھا برسوں
جیسا اب ہے یہ ستم گر ، کبھی ایسا تو نہ تھا

کیوں نہ کتراکے نکل جاؤں گلی سے تیری
یہ مکاں جیسا مرا گھر ، کبھی ایسا تو نہ تھا

٭٭٭

ہوتی ہے سانسوں کی مہک سے جب بھی معطر تنہائی
جا کے بکھر جاتی ہے شفق کے بستر پر تنہائی
جاگ رہا ہوں سانسوں کو روکے ، ہو نہ ذرا سی آہٹ بھی
سوئی پڑی ہے رات سے میری ،اِس چھاتی پر تنہائی
نور کی لَے پر دل کی دھڑکن ، لب پہ سُریلے گیت لئے
خوابوں کے زینوں سے اترے ہیں سایہ سمندر تنہائی
رات کے گہرے اندھے کنوئیں میں ڈوب گئی جوں سانولی شام
چپکے سے یوں گھل جاتی ہے جام میں آ کر تنہائی
شور کی لے سِکّوں کی کھنک میں دن تو گزر ہی جاتا ہے
شعلہ بن کر ڈس لیتی ہے ، شب کو ستم گر تنہائی
چپکے چپکے نَین ملائیں ، جھیل کِنارے جب سپنے
انگ چُرائے دھیرے دھیرے دور افق پر تنہائی
جب سے گھلی احساس کی نَے میں تیری مدھر جھنکار کی لے
تنہائی سے بہتر غم ہے ، غم سے بہتر تنہائی

***

مہک وہ دل کے جزیرے میں کھو گئی ہے میاں
بدن میں ایک نیا کیف بو گئی ہے میاں
جو رات میرے کئی رت جگوں کا حاصل تھی
وہ رات پلکوں پہ موتی پرو گئی ہے میاں
نہ قربتوں کی مہک ہے نہ دوریوں کی کسک
اب انتظار کی عادت سی ہو گئی ہے میاں
سسکتی رات کی تنہائیوں کے سائے میں
سلونی صبح بھی تھک کے سو گئی ہے میاں
وہ لہر ، سمت نما تھی جو منزلِ دل کی !
وہ لہر خوابوں کی کشتی ڈبو گئی ہے میاں
حلاوتوں میں گھلی مست مست انگڑائی
سہانا درد سا دل میں چبھو گئی ہے میاں
حسنؔ کے تپتے مکاں میں وہ آ کے پل دو پل
بہار ، خوشبو ، امنگیں سمو گئی ہے میاں

***

شعورِ ذات کی تر دامنی بھی کم کم ہے
کہ ان دنوں مِری دنیا سبھی بھی کم کم ہے
یہ انتشار کا عالم ، عجیب ہے یارو !
کہ روشنی ہی نہیں تیرگی بھی کم کم ہے
حصارِ ذات نے کی ہیں وہ دوریاں پیدا
نشاط و کیف کی وابستگی بھی کم کم ہے
نفس نفس میں بچھڑنے کی کیفیت ہے عیاں
لبوں پہ کم ہے ہنسی برہمی بھی کم کم ہے

***

سانس کی لۓ تھمی تھمی ہے میاں
دل کی دھڑکن رُکی رُکی ہے میاں
درد ، ویرانیاں سبھی کچھ ہیں
پھر بھی بستی بسی بسی ہے میاں
آج ہم تم بچھڑ بچھڑ کے مِلے
آج اپنی خوشی ، خوشی ہے میاں
اس پہ صدیوں کی گھن گرج ہے مگر
میری دنیا نئی نئی ہے میاں
دل نے جب بھی کہا ہے کچھ فرّخ
آنکھ میں کیوں نمی نمی ہے میاں

۞ ۞ ۞

ہیں چُرائے ہوئے دن رات کہیں بھاگ چلو
چاک ہے پیرہنِ ذات کہیں بھاگ چلو

لمس ہی لمس ، ادھورا سا اُبلتا ہوا لمس
برف بن جائیں نہ جذبات کہیں بھاگ چلو

نہ تو قربت ہے ، نہ دوری ہے نہ فرقت نہ وصال
رہ گئی صرف ملاقات کہیں بھاگ چلو

بوتے ہیں مصلحتیں ، ذہن کی گہرائی میں
موت جیتے ہیں یہ لمحات کہیں بھاگ چلو

دن تو سورج کی تمازت میں جَلا اور بُجھا
ہم سے کچھ پوچھ نہ لے رات کہیں بھاگ چلو

***

اسی کو کہیئے ، جہانِ خراب کی خوشبو
کفن میں چھپ نہ سکے جس عذاب کی خوشبو
کسی کی یاد کے شعلوں سے رات روشن تھی
اسی کے غم میں گھُلی آفتاب کی خوشبو
جو قربتوں کی مہک میں ہوئے نہیں غرقاب
وہ کیسے جان سکیں گے حجاب کی خوشبو
اتر رہی ہے شفق کے سلگتے زینوں سے
ٹھہر ٹھہر کے کسی کے شباب کی خوشبو
لبوں کی مستی ، نگہ کا سرور ، گالوں کا کیف
مہک رہی ہے سلونے گلاب کی خوشبو
بہکتی سانسیں پسینے میں مست مست بدن !
یہی ہے جاگتی آنکھوں کے خواب کی خوشبو
اسی کو کہتے ہیں میدانِ حشر اے فرّخ
جہاں سے پھیلے سوال و جواب کی خوشبو

٭٭٭

جذبۂ عشق کہ ڈھونڈا جسے درباروں میں !
وہ ملا ذات کے اندر ہی کہیں غاروں میں
تم محبت کی ادا بن کے گلوں میں رہنا !
ہم وفا بن کے مہک جائیں گے بازاروں میں
جانے کیا بات کہی دل نے کہ جس کو سن کر
ڈھل گئی شام کی سرخی ترے رخساروں میں
خواب سرگوشیاں کرتے ہیں ، مہکتے ہیں گلاب
نیند کی پریاں بلاتی ہیں افق زاروں میں
میرے نغمے ، مری یادوں کے اچھوتے سپنے
جا چھُپے دور بہت دور سمن زاروں میں
ہم نے جو بات بھری بزم میں کہہ دی فرخؔ
وہی مانی گئی اس دور کے شہ پاروں میں

***

کہیں بھی جاؤ کسی رہ گزر میں خاک نہیں
قفس میں تیرگی اور اپنے گھر میں خاک نہیں

بجائے اشک لہو ہے رواں جو آنکھوں سے
لبوں کا عکس ہے ، خونِ جگر میں خاک نہیں

کسی کی آہِ رسا آسماں سے لوٹ آئی
کہ اب دعاء میں دعاء کے اثر میں خاک نہیں

مِلیں جو حضرتِ غالبؔ کہیں ، تو اُن سے کہو
کہ دل میں خون نہیں اور نظر میں خاک نہیں

حسنؔ یہ کون سی تہذیب چھا گئی ہے یہاں
کہ جس میں عیب نمایاں ، ہُنر میں خاک نہیں

***

جو گھر تمہاری مصلحتوں نے بنائے ہیں
آسیب تک نہ رہ سکیں ایسی سرائے ہیں

برسوں نے ساتھ چھوڑا تھا جس موڑ پر کبھی
صدیوں کے پاؤں آ کے وہیں ڈگمگائے ہیں

یوں مطمئن نہ ہو کہ جواں ہو گئی ہے بزم
اِن قہقہوں کے پیچھے مُروّت کے سائے ہیں

کُنج عدم سے اُٹھ کے بہ زُعم شکستگی
کچھ لوگ پھر وجود کے صحرا تک آئے ہیں

لمحے سمٹ کے پا گئے تنہائی کا مقام
لمحوں کا کیا ہے اپنے بھی ہو کر پرائے ہیں

***

نارسائی کی کچی کلی کی طرح
موت ہم سے ملی زندگی کی طرح
رشتہ زندگی ہم سے ہے استوار
ایک چھوٹی سی وابستگی کی طرح
سانس کی ڈور کٹ کٹ کے گرتی رہی
موتیوں کی ڈھلکتی لڑی کی طرح
چلتی تلوار تھے، مستِ پندار تھے
ہم طرح دار تھے زندگی کی طرح
دَور چلتے رہے، اشک ڈھلتے رہے
ہم تو جلتے رہے، روشنی کی طرح
لمحہ لمحہ بکھرتے سمٹتے ہیں ہم
زندگی کی طرح، روشنی کی طرح

❋❋❋

سکوتِ شام کے آنگن میں بارشِ غم ہے !
اور اُس پہ طرفہ ستم دوریوں کا موسم ہے
عجیب لمحہ ہے یادوں کی جھِلملاہٹ میں
لرزتی پلکوں پہ تنہائیوں کی شبنم ہے
اُدھر سے نیند کی پریاں بلا رہی ہیں ، اِدھر
ستم کی رات ہے دل کا مزاج برہم ہے
ہمارے ذہن کی کھڑکی سے اُڑ چکی ہے وفا
ترے خلوص کی دوشیزگی بھی کم کم ہے
حسنؔ کے شعروں میں لفظوں کی دل کشی ہی نہیں
جھنجوڑ دے جو دلوں کو وہ دردِ پیہم ہے

***

وہی یوسف ، وہی بازار نئے موسم میں
دام بدلے نہ خریدار نئے موسم میں
دوسری بار نہ جی بھر کے تجھے دیکھیں گے
زندگی تیرے گنہ گار نئے موسم میں
چوڑیاں دل میں چھنکتی ہیں ، نہ مانوس آہٹ
دھیمی ہے نغموں کی جھنکار نئے موسم میں
کوئی ارمانوں کے چہرے ہی پہ غازہ مَل دے
سرد ہے مشعلِ رخسار نئے موسم میں !
قربتیں فاصلہ بنتی گئیں ، بنتی ہی گئیں
اونچی ہوتی رہی دیوار نئے موسم میں
مانگتا ہے نئے معیار ، نئے سانچے حسنؔ
جلتا بُجھتا ہوا اظہار نئے موسم میں

***

ظلم و ستم کا کوئی نشانہ خطا نہ ہو
ہر تیر کا ہدف جو ہو میرے سوا نہ ہو

چالاک تو نہیں ہے پہ معصوم بھی نہیں
مجھ کو یہ فکر ہے وہ تمھیں چاہتا نہ ہو

ظاہر میں مجھ سے کوئی لگاؤ نہیں ، مگر
وہ خلوتوں میں میری کہیں جھانکتا نہ ہو

بیزار ہوں میں شدّتِ جلوت سے ان دنوں
پھر بھی یہی دعا ہے وہ مجھ سے جُدا نہ ہو

ظلمت چھَٹی تو ہے ، مگر اندیشہ ہے یہی
تاریکیوں کا کوئی نیا سلسلہ نہ ہو

چھُوٹے تو ہو قفس سے حسنؔ پر یہ سوچ لو
یہ دلفریب وسعتِ زنجیرِ پا نہ ہو

***

سہے ہیں پھول کی مانند زخم بھالوں کے
یہی تو ہوتے ہیں انداز با کمالوں کے

ندائے دوست تھی وہ یا صدا تھی کوفے کی
ارادے تول لئے تھے بلانے والوں کے

مصاحبت کا یہ چشمہ اتار کر دیکھو!
کنوئیں سے دور ہی مینار ہیں اجالوں کے

سکوتِ شام تھا ، آنکھوں میں ڈوب ڈوب گئے
گلاب بکھرے ہوئے تھے سرکتی شالوں کے

بدن سے دور بھی کچھ لمس کے تقاضے ہیں
کنار و بوس کے طوفان سہنے والوں کے

یہ کائنات سمٹنے لگی تھی ہونٹوں میں
بلاوے تیز ہوئے جب دہکتے گالوں کے

یہاں تک آئے ہو تیزاب پی کے تم فرخؔ
اب آگے کچھ نہیں طوفان ہیں خیالوں کے

***

چمن کے سبزے سے یا بستیوں سے باہر کھینچ
نہ آئے نیند تو کمرے سے اپنا بستر کھینچ

چُرا چُرا کے کسی چشمِ ناز کی مستی
گمانِ پر تَو اندیشہ سے تو جوہر کھینچ

چھناکا ہو تو پھر آئینہ درد ں نہ مِٹا
چُبھے تھے دل میں جو تنہائیوں کے خنجر کھینچ

چبھو کے نشتر بے کیفی ، زمانہ حسنؔ !
نہ انتظارِ طلب میں کسی کا ساغر کھینچ

٭٭٭

سلونی خواہشیں جب سو گئیں خوابوں کے بستر پر
تو اس مہ وش کی نیندوں میں مقدر بن گیا اپنا

سہانے خواب ، شیریں آرزوئیں کب سے بے گھر تھیں
چلو اچھا ہوا ویراں سہی گھر بن گیا اپنا

کبھی پتھر بھی پانی بن کے آنکھوں سے برستا تھا
مگر اب تو دھڑکتا دل بھی پتھر بن گیا اپنا

؎؎؎

نظمیں

ادراک

انتشارِ ذات سے احساس کی دہلیز تک
صدیوں کا طولانی سفر
وقفۂ احساس سے اظہار تک
جامد فصیلِ دار تک
رکتی ہوئی جھنکار تک
معنی و مفہوم کی بانکی سحر
اعتبارِ ذات سے ہر آس کی مہمیز تک
برسوں کا حرفِ معتبر
صفحۂ قرطاس سے، انکار تک
تیکھے سلونے یار تک
گدرے لب و ر خسار تک
ہستیٔ موہوم کی رُکتی نظر
انفجارِ ذات سے انفاسِ شعلہ ریز تک
لمحوں کا نیش تیز تر
ذات کے بن باس سے اس غار تک
ادراک سے دیدار تک

اک جذبۂ بیدار تک

ضربتِ مقسوم، مِنۡ لیل الحجر

صدیوں کا طولانی سفر

برسوں کا حرفِ معتبر

لمحوں کا نیش تیز تر

انتشارِ ذات سے احساس کی دہلیز تک

اعتبارِ ذات سے ہر آس کی مہمیز تک

انفجارِ ذات سے انفاسِ شعلہ ریز تک

* * *

یگانگت

کون ہوں میں؟
تم تو شاید اک انسان ہو
یقیناً تم انسان ہو
پھر یہ مجھ میں منافق بھلا کون ہے؟
وہ بھی شاید تم ہی ہو
یقیناً تم ہی ہو
ورنہ چالیس
برسوں کی یکتائی ممکن کہاں تھی
ٹھیک ہے
پھر یہ مجھ میں درندہ بھلا کون ہے
وہ بھی شاید تم ہی ہو
یقیناً تم ہی ہو
ورنہ چالیس
برسوں کی یکجائی ممکن کہاں تھی
مان لیتا ہوں اس کو بھی
لیکن مجھ میں بھلا دوسرا کون ہے؟

وہ بھی
یقیناً تم ہی ہو
ورنہ چالیس
برسوں کی دارائی ممکن کہاں تھی
مگر میَں کہاں ہوں، کون ہوں میَں
یہ سب کیوں مرے جسم اور روح میں جذب ہیں
اور اگر ہیں؟
تو میَں
میں کہاں ہوں
یہ سب کون ہیں؟
کیسے شامل ہوئے مجھ میں
اور اب کہاں ہیں؟
کتنے ناداں ہو
بھلا یہ سوالات ہیں
تم تو انسان ہو
یعنی آدم کی اولاد
جنت سے پھینکے گئے تھے
زمیں پر
کہ اپنے جہنم کو بھرنے
عذابوں کو
چُن چُن کے لاؤ

اور تاویل سے، اس کو جنت بناؤ
پھر بھی تم پوچھتے ہو، کون ہوں
میں؟
ہاں میں سب مان لیتا ہوں،
لیکن اکیلا بھی ہو کر اکیلا نہیں
کوئی ساتھ ہے
میرے اندر ہی موجود ہے
وہ بھلا کون ہے
کون ہوں مَیں
اور تم کون ہو؟
اور مَیں
وہ ہوں جو ساتھ ازل سے ہے
مہلت قیامت کی لے کر
مگر وہ بھلا کون ہے؟
وہ خدا ہے
جو ہر شئے میں موجود ہے
رگِ جاں سے نزدیک تر
مگر تم یہ سب کیوں بتاتے ہو
کون ہوں، کون ہوں، کون ہوں مَیں

٭٭٭

اک راز کی بات

تم نے پوچھا کہ
تم کس قدر خوبصورت، حسیں، مہ جبیں ہو
مَیں سوچتا ہوں
کہ یہ بات لفظوں کی بندش سے
اظہار کی وسعتوں سے بھی آگے
ماورائی تصور کا اک گنگناتا افق ہے
بارشِ کیف و مستی سے پھوٹی شفق ہے
میں تمھیں کس قدر چاہتا ہوں
تم نے پوچھا، تو مَیں سوچتا ہوں
اس کا اظہار کیسے کروں، یہ تو لفظوں کی وسعت کا اک
امتحاں ہے
جذبوں کی شدت ہے، لمحات کا کرب، صدیوں کی
اک داستاں ہے
میں تمھیں چاہتا ہوں، یہ آواز ہی اب صدائے زمان و مکاں ہے
مگر راز کیسے کسی پر مَیں کھولوں
تم نے پوچھا تو مَیں کھو گیا اک تذبذب کے گہرے سمندر میں

اک سنسناہٹ رگ دپے میں طاری ہوئی
سانس کی آہٹیں، جیسے نزدیک ہوتی رہیں
دل کے نزدیک ہوتی رہیں
خشک لب کپکپانے لگے، آنکھیں تصویر بننے لگیں
کیسے کیسے حسیں خواب منظر میں ڈھلنے لگے
تم نے پوچھا تو مَیں سوچتا ہوں
میری آنکھوں نے کیسے بہکتے ہوئے منظروں کو ہے دیکھا
میرے ہونٹوں نے کیسے سلونے سلونے لبوں کو ہے سوچا
میرے کانوں میں کیسے ترنم بھرے، مرمریں لفظ گونجے
مِرے دل میں کِھلا کس طرح اک سلونا گلاب
میری سوچوں کی تطہیر، نظروں کی پاکیزگی، جن میں پنہاں تھی
احساس کے سارے لمحے رواں تھے
کہ یہ کائنات اس میں گم ہو
ازل تا ابد ساری رات اس میں گم ہو
ازل تا ابد ساری رات اس میں گم ہو

***

تم بہت خوبصورت ہو

تم بہت خوبصورت ہو، سب سے جُدا ہو
آؤ آکر مرے دل کے آنگن میں چھپ جاؤ
تم بہت ہی حسیں ہو
پھول کی پنکھڑی ہو، میری آنکھوں میں بس جاؤ
شام کی مخملیں سیڑھیوں پر تھرکتے ہوئے خواب تم کو
چُرا کر نہ لے جائیں اُن بستیوں میں
جہاں رنگ و خوشبو کی برسات باہیں پسارے کھڑی ہو
آؤ آکر مرے دل میں چھُپ جاؤ، آنکھوں میں بس جاؤ
کپکپاتے سلونے لبوں کی یہ نازک سی کلیاں
کہیں کھو نہ جائیں، بہکتی مہکتی ہواؤں کے ہیجان میں
میرے کالر میں ان کو لگا دو، میرے ہونٹوں کو دوشیزگی کی دعا دو
رات کا حُسن، برسات کی مستیاں غرق ہیں
ادھ کھُلی انکھڑیوں میں تمہاری
میری نیندوں میں ان کو چھُپا دو
میری بے چینیوں کا انہیں آسرا دو
تم بہت خوبصورت ہو، سب سے حسیں ہو

کیوں کہ میں چاہتا ہوں تمہیں

تم بہت خوبصورت ہو، سب سے حسیں ہو

کیوں کہ مَیں نے چاہا ہے، سوچا ہے، صدیوں میں تم کو

گنگناتی ہوئی بارشوں میں، کھل کھلاتی شبوں میں

سرمئی شام، رنگین صبحوں کے ٹھہرے سلونے سکوں میں

میں نے چاہا ہے، سوچا ہے تم کو

تم بہت خوبصورت ہو، سب سے جُدا ہو، بہت ہی حسیں ہو

***

مَیں تمہیں چاہتا ہوں

چھوڑ کر سارے رشتوں کی پنہائیوں کو
بھول کر سانس کی آہٹوں کی خنک باریوں کو
میں نے چُپ چاپ سوچا تمہیں
چپکے چپکے سے چاہا تمہیں، دل کی گہرائیوں سے
میں تمہیں مانتا ہوں
چاہتا ہوں
سب سے بڑھ کر تمہیں چاہتا ہوں
خود سے بڑھ کر تمہیں چاہتا ہوں
کیوں کہ تم تو
مِرے رت جگوں، خواہشوں اور خوابوں کا
اک خوبصورت سا تحفہ ہو
تم خوشبوؤں، ناچتی گنگناتی
ہواؤں، وفاؤں، دعاؤں کی
سوغات ہو
سرمئی شام، نیلے سمندر سے ابھری
مہکتی، بہکتی ہوئی رات ہو

زیرِ تعمیر گھر پر برستی ہوئی مست برسات ہو
بھولی بسری ہوئی بات ہو
یا کہ۔۔۔ پھر
چوکھٹوں سے پرے، آہٹوں سے پرے
ایک خاموش اچانک ملاقات ہو

؞ ؞ ؞

بسر و چشم

رسمساتے ہوئے ہونٹوں کی تراوٹ کی طرح
کسمساتی ہوئی باہوں کی مہکتی ہوئی آہٹ کی طرح
آجاؤ
ان کہی باتوں کی خوشبوئے بہاراں کی طرح
جھلملاتی ہوئی یادوں کے گلستاں کی طرح
تیز چلتی ہوئی سانسوں کے تلاطم کی طرح
بے سبب چہرۂ گیتی پہ بکھرتے سے تبسم کی طرح
آجاؤ
سوچ لو
کیوں کہ سوچوں کی یہ رفتار مہکتی ہے ابھی
سوچ لو
کیوں کہ سوچوں کی یہ جھنکار چھنکتی ہے ابھی
جانے کل کیا ہو خدا ہی جانے
پھول کھِلتا ہے کہ مرجھاتا ہے یہ بات ہوا ہی جانے
بس ارادہ یہ کرو

آ جاؤ
تم ہمیشہ کے لئے آ جاؤ
ہمیشہ کے لئے آ جاؤ

؎ ؎ ؎

تم اور مَیں

تم کہ خوشبوئے گل ولالہ سے نکھری نکھری
سرمئی کیف سے سرشار تھیں مہکی مہکی
کبھی بہکی بہکی
گزرے لمحوں کی تمازت کو
روایت کے گلستاں
میں سمیٹے ہوئے
مست و مخمور
کبھی مسرور کبھی تو مسحور
میں کہ پتھر نہیں انسان ہوں
سیدھا سادھا
کبھی ٹیڑھا، میڑھا
دردمندی کی حماقت کو
مروت کے لبادے میں لپیٹے
یوں ہی لرزاں لرزاں
کبھی فرحاں فرحاں
گامزن تھا رہِ ہستی پہ زماں اور مکاں سے بھی پرے

ہر یقیں اور گماں سے بھی پرے
تم کہ طاقت بھی ہو کمزوری بھی
تم اچانک ہی چلی آئیں مِرے دل میں
مہکتی ہوتی سانسوں کی طرح
گنگناتے ہوئے چشموں کی طرح
تم کہ طاقت بھی ہو کمزوری بھی

***

اک نئی صبح

اک نئی صبح یوں جھانکتی ہے افق سے پرے
صبح جیسے نہیں، صبح کی صرف پر چھائیں ہے
عکس ہے
جیسے اک گل بدن کا
یا کسی ماہ وش کی تمنا ہے،۔۔۔ جو
لوریاں دے رہی ہے
سنسان سی وادیوں میں
اک نئی صبح یوں جھانکتی ہے
مہکتی ہوئی یاد کی کھڑکیوں سے
جیسے
احساس کی سیڑھیوں سے اترتی ہوئی
دھوپ ہے۔۔۔ یا
ٹھٹھرتی ہوئی اَن چھوٹی کوئی خواہش ہے، جو
زیست کی کپکپاتی ہوئی گرم باہوں میں مدہوش ہے
اک نئی صبح یوں جھانکتی ہے، سلگتے خیالوں کی پگھلی
ہوئی سرمئی ساعتوں سے

کہ جیسے سلونی رتوں نے بلایا ہے اس کو
مہکنا، بہکنا، بہک کر مہکنا سِکھایا ہے اس کو
مگر
میرے آنگن میں ٹوٹے ہوئے خواب بکھرے پڑے ہیں
جن کی رنگین تعبیر میں صبح کوئی نہیں ہے
رات ہی رات ہے، جو بہت خوبصورت، بہت ہی حسین، مہ جبیں ہے
کچھ دنوں سے میں یہ سوچتا ہوں کہ کب تک رہوں چُپ
میں خاموش کب تک رہوں

***

یہ سفر ضروری ہے

تم کہ حصہ مِرے وجود کا تھیں
لیکن اک گردشِ فلک نے تمہیں
اک جزیرے میں کر دیا تھا اسیر
اور اب تک اسی حصار میں ہو
موت سے زندگی کی سمت سفر
یوں تو ممکن نہیں مگر پھر بھی
یہ سفر اب بہت ضروری ہے
یہ سفر اب بہت ضروری ہے
کیوں کہ حصہ مرے وجود کا ہو
تم تو حصہ مرے وجود کا ہو
حصہ مرے وجود کا ہو

***

یہ احساس کافی ہے

تم تحفظ کے کن چکروں میں پڑی ہو
یہ پر چھائیاں کیوں لرزنے لگی ہیں
تحفظ،
حدودِ انا سے پرے
جسم میں سنسناتی ہوئی
ایک بے تاب خواہش ہے
بے چین سی اک لہر ہے
سمٹنے کی میٹھی کسک سی لئے
سانس کی تیز ہوتی،
بکھرتی
مہکتی پھوار
ہونٹوں کی لرزش

٭٭٭

فراموشیوں کی مسلسل کہانی

گرم جذبات سے تپتے ہونٹوں کی حدت سے سرشار
لمس کے
کیف کے
نیلے نیلے سمندر کی موجوں میں غرقاب
عجب کیفیت ہے
یہ کن چکروں میں پڑی ہو
تحفظ تو داخل سے خارج کی اک داستاں ہے
کہیں لفظ رشتہ بنا ہے
سوچو

٭ ٭ ٭

رات

رات ہے تیرے لئے، نام ہی نام
کیف ہے جس میں کوئی اور نہ کوئی پیغام
نہ انکار نہ کوئی دشنام
رات ہے تیرے لئے نام ہی نام
رات اب میرے لئے بھی
ہے فقط، نام ہی نام
ایک دہرائی ہوئی بات
اُڑتی ہوئی خوشبو
گزرتی آہٹ
رات اب میرے لئے بھی
ہے فقط نام ہی نام
رات دونوں کے لئے پھر بھی
سوالات کی اک بھیڑ ہے
خاموشی کا جامد لمحہ
لمحہ جو ہاتھ میں آ کے کھسک جاتا ہے
گمشدہ خوابوں سے ٹکرا کے کھنک جاتا ہے

***

آہٹ سی اِک سُننے لگا تھا

یہ اچانک تم کہاں سے آ گئیں
کوئی بھی گوشہ یہاں خالی نہ تھا
ہر طرف الھڑ لکیریں، دائرے، گولائیاں
جسم کی مہکار، ہونٹوں کی کسیلی کپکپاہٹ، والہانہ پن
وجودِ منقسم، بکھرا ہوا
زندگی کے اس ورق کو مے ں کہاں لے جاؤں
کیسے اس پہ ابھری آہٹوں کو لمس کے صحرا میں گُم کر دوں
سلونی خواہشوں کی چار دیواری بھلا کیسے پھلانگوں
جس میں
ایک
معصوم لمحہ قید ہے
کس لئے کس کے لئے
تم تو فقط، رنگین طولانی سفر کی راہ میں برگد سمجھ کر آ گئی ہو
کنوارے بدن کی سوندھی خوشبو کے اثر سے، سحر سے
اپنی کشش سے بے خبر
قہقہوں میں سارے احساسِ تھکن کو گھولتی

رسمساتی سرسراہٹ سے وجودِ بے مکاں کو رولتی
(دہلیز پر آہٹ سی جو سننے لگا تھا)
یہ اچانک تم کہاں سے آگئیں
زندگی کا یہ ورق
بکھرا ہوا ہے اَن گِنت برسوں پہ
جس میں، خواہشوں کی چار دیواری میں
ایک معصوم لمحہ قید ہے
جس میں کچھ غنچے مہک کر
نرگسی کمزور رشتے کو
انوکھی ایک طاقت دے گئے
ایک سمجھوتے کو بامعنیٰ نرالی استقامت دے گئے
زندگی کے اس ورق کو سادہ و پُرکار صورت دے گئے
یہ اچانک تم کہاں سے آگئیں
آٹھ دس برسوں کا یہ وقفہ
عجب سرمستیوں کی داستاں ہے
بے کہی بھی، بے سُنی بھی

یہ وجودِ بے مکاں
(دہلیز پر آہٹ سی اک سننے لگا تھا)
آہٹیں، جو اتصالِ دائمی کا کیف زا پیغام ہوتی ہیں
اتصال اور زندگی کے فاصلوں کا جام ہوتی ہیں

جہاں اَن دیکھی ساری منزلیں بے گام ہوتی ہیں
اسی جانب رواں تھا
بس تحفظ کے بگولے روک لیتے تھے قدم
ایک الھڑ لمحہ، کچھ غنچے
ہوا کی زد پہ تنہا کس طرح چھوڑ جاؤں
بس یہی احساس سرچشمہ بھی تھا
ترغیب بھی، ادراک بھی، وجدان بھی، روشنی بھی
یہ اچانک تم کہاں سے آ گئیں

***

یوں بھی ہوتا ہے

چاند کا اک ٹکڑا ننھا منا، شیریں شیریں
ہر راز سے واقف، ہر جنبش کی لذت پر نازاں
غنچہ دہن، سرمایۂ جاں، گودی میں پروان چڑھا تھا
اب کہتا ہے، "اپنی فکر کرو، صبر کرو، جھنجھلاتے کیوں ہو"
رات کی تاریکی، حالات کے اندھے کنویں سے ابھرا
ایک ستارا، سہما سہما، حیراں حیراں
آنکھوں میں اُتر کے، ہاتھوں سے پھسل کے، فرحاں فرحاں
کہتا تھا "سورج میری منزل ہے، آنکھوں میں دیئے جلاتے کیوں ہو"
وقت کی ہر ہر آہٹ سے خوف زدہ
ایک ستارا، جھِل مِل، جھِل مِل، شاداں شاداں
زینوں سے اترا تھا، جذبوں کی فرحت سے گریزاں
کہتا تھا "بیزار نہیں ہو تو ڈولی آخر منگواتے کیوں ہو"
سورج کی تمازت سے بکھرا
ایک ستارا، سمٹا سمٹا، لرزاں لرزاں
آنگن میں پھیل گیا تھا، لمحوں کی شدت سے پشیماں

کہتا تھا "جب آگ بجھا نہیں سکتے ہو تو لگاتے کیوں ہو"
پھر ٹوٹ گیا وہ دے کر ایک کھلونا
سرمئی لہروں پر رقصاں رقصاں
جہد مسلسل کے نور سے فرحاں فرحاں
ایک ستارا، جانے کس راہ سے آکر
دل میں بیٹھ گیا تھا، جذبوں کے سحر سے نازاں نازاں
کہتا ہے، "اپنے وجود کا حصہ تو بنایا لیکن
دینا سے ڈرتے کیوں ہو، دروازہ کھلا ہے، جرأت کرلو،
شرماتے کیوں ہو"
صندلیں خوشبو میں، جھل مل
ایک ستارا، جانے کس بادل سے ابھر کر
جذبوں کے آنگن میں اُترا، مستی میں خوشبو میں گھُلا
کہتا تھا، کہتے ہو سب کچھ، لیکن پھر جاتے کیوں ہو
روٹھ گیا وہ دے کر ایک سلونا سپنا
لمحوں میں بدلتے، زرد رتوں کے تیور میں سمٹے
اور نہ جانے کتنے ستارے، دھیرے دھیرے، فرحاں فرحاں
دل کی دھرتی پر بکھرے، پہلی بارش کی بوندوں سے پُر افشاں
کہتے تھے اظہار کی جرأت تو کر ہی چکے، پھر گھبراتے کیوں ہو
آج سبھی اپنے اپنے مدار میں داخل جگ مگ، جگ مگ کرتے ہیں

میں سر حد پہ خلاء کی ٹھہرا، بس گردش دیکھا کرتا ہوں
کھوئی کھوئی آنکھوں کو، خوابوں کے کھلونے بیچا کرتا ہوں
خوابوں کے کھلونے بیچا کرتا ہوں

✹ ✹ ✹

وہ بات جو کہ راز ہے

وہ بات جو کہ راز ہے
جبلتوں کے آئینے میں جھانکتے ہوئے بدن کے سحر کا
ثبوتِ ہوش سے شعورِ ذات تک
نکاتِ فلسفہ کی پیچ پیچ لہر کا
جو دوپہر کی اجلی اجلی ساعتوں سے
شام کی خنک خنک اداسیوں میں ڈوبتے
حرارتوں کے سرد پڑتے جذبۂ انا کے شوقِ ہر جہات کا
خموشیوں کی سرحدوں سے، قہقہوں کی ہر کھنک تک
ایک پُل صراط ہے
ادھر گداز جسم کی لپک
سلگتی راکھ، دائرہ کے سرمئی حصار
اُبلتے جوہروں کے اتصال کی کہانیاں
صدف صدف ہیں بارشوں کی منتظر
بدن مسک مسک کے، پھیلتی اکائیوں کے لمس
رسمساتی ٹوٹتی سحر کی لذتوں سے ہم کنار
سرپٹک پٹک کے تار تار

اُدھر سپردگی کی رو، حواس گنگ، انتشارِ ذات کی پکار
وہ بات۔۔۔ لاشعور میں دبی ہوئی، لہو کے قطر قطر میں بسی ہوئی
وہ بات ایک راز۔۔۔ ذات سے صفات تک
سیاہیوں کی ہر پرت جزوِ بے ثبات تک
وہ بات راز تھی۔۔۔ تو
نور کے لبادے کیوں اتر گئے

٭ ٭ ٭

بوریت : بوریت ہی بوریت

صبح کو پانچ سے سات بجنے تک اقساط میں نیند
ہلکورے لیتی ہوئی سات سے آٹھ تک انتظار
انتظار: ایک گرمی کا، پہلو میں جو جسم میں دوڑتی
سرسراتی کسک جذب کرلے
مگر
ختم ہوتا ہے کب انتظار
چاہے، اخبار کے پڑھ لو تم اشتہار
نچلے دھڑ کی کسک بھی ادھوری ہی ہے
ایک آغوش ہے درمیاں، ایک سیپی ہے نچلے کنارے کھُلی
قطرۂ اشک کی منتظر
اسی کشمکش میں سلگتے سے بھوکے بدن کی حرارت
پگھلتی ہے یکلخت "اے" کے اندیشے تحلیل کردیتے ہیں
سمندر کے اٹھتے ہوئے جھاگ کو
بدن سے لپیٹے ہوئے، لمس کی برف
ساری حرارت بہاکر
فرض انجام دینے مکاں سے سڑک کی طرف بھاگتا ہوں

ہر طرف لمس ہی لمس
آنکھوں میں لیکن وہی سرد، تیکھا، کٹیلا رویّہ
مگر، میٹھی، ٹاٹا کی آواز، کانوں میں رس گھولتی، منتظر
"ایک پن، ایک پنسل کی" خواہش
بوریت کے لبادے، کئی صورتوں میں ہیں لٹکے ہوئے جا بجا
جن سے بچنے کی راہ نجات۔۔۔ اک مسلسل فریب
جھوٹ، سازش، چاپلوسی کی مہکار چاروں طرف
منافق۔ اصولوں کے ملبوس اوڑھے ہوئے
قہقہے، مسکراتے لبوں کی فسوں سازیاں
بدن کی گدازی کی آپس میں تقسیم
تیزاب کی کاٹ ہے بوریت کے لئے
مگر، پھر بھی سرمایۂ جاں نہیں
ذات سے شخصیت کے کٹھن راستوں میں یہ درماں نہیں
اور پھر واپس
بوریت سے نئی بوریت کی طرف واپسی
یعنی بیگانگی سے تقرّب کے گھر کی طرف واپسی
اور پھر واپسی اور پھر واپسی
میٹھی ٹاٹا کی آواز کانوں میں رس گھولتی
ایک پن ایک پنسل کی خواہش
ایک آغوش وا، کچی کلی

اک گلاب اپنی خوشبو لٹاتا ہوا منتظر
پنکھڑی، پنکھڑی میں بکھر کر بھی
کثرت میں وحدت کی صورت میں ہے منتظر
سرخ فیتے میں لپٹی ہوئی میز پر
وہ فائل ادھوری ہی تو رہ گئی۔۔۔ ہاں ادھوری، ادھوری
اف یہ کیسا خیال آگیا۔۔۔
یہ کمبخت کیوں ذہن پر چھا گیا۔۔۔
اف، یہ کمبخت۔۔۔۔
۔۔۔۔۔ سالا کلرک

٭ ٭ ٭

یادرکھو

دل کا ہر خوف
جو کہ احساس بن کر ڈراتا ہے
دل سے بھُلا دو
فقط اک یہی بات تم یاد رکھو
یہی بات تم یاد رکھو
دوریاں: قربتوں کا وسیلہ ہیں
قربتوں کی علامت ہیں
بھولنے کی نہیں ہے سبیل
چاہے تم دورِ ماضی ہی میں لَوٹ جاؤ۔۔۔یا
زیرِ تعمیر گھر کے تلے
آسرا لے لو
(بارش سے بچنے کا یہ اک
بہانہ سہی)
مگر یاد رکھو!
وہاں بھی کوئی ڈھونڈ لے گا تمہیں
کیوں کہ تم لاشعوری افق پر

بہت وقت سے منتظر ہو
اسی لمحۂ لایزل کے
بہت دیر سے منتظر ہو
اسی لمحۂ بے بدل کے
کہ ہر خوف دل سے بھُلا کر
نازک احساس کی لَو بڑھا کر
نئی ایک دنیا بنا لو
ایک جنت بسا لو

***

عصری سائنسی موضوعات کی نظموں کا ایک مجموعہ

برقی شعاعیں

مصنف : احمد علی برقی اعظمی

بین الاقوامی ایڈیشن منظر عام پر آچکا ہے